女優メイク

ストーリーのある女性を演じる

prologue

「女優メイク」で私の知らない私になる

あなたは、メイクで何通りの顔を作ることができますか？
自分では、工夫しているつもりでも、「仕上がってみると、いつもワンパターンのメイク」という人も多いのでは？

私たちは、日々、いろんな場面に居合わせます。
気の置けない友人と楽しくおしゃべりしたり、大好きな彼と一緒に素敵なレストランに出かけたり、張りつめた雰囲気の会議室でプレゼンをしたり、ふと出かけた飲み会で「運命の人」に出会ったり。
そんな時、そのシーンに合ったファッションやメイクアップなどの自己演出ができる女性こそ、周囲の人たちの印象に残る、美しい女性だと言えるのです。

文字通り、「女優の役作り」。
自分の顔立ちの長所・短所を理解した上でシーンに合わせて色々なメイクを使い分けられる事。
これが、素敵な女性、美しい女性でいるための絶対必要条件なのです。

本書では「なりたい自分をメイクで演出する」をテーマに、あなたの中にある、様々な「顔」を引き出すメイクを解説します。
さあ、今すぐ「いつもメイク」に別れを告げてストーリーのある女性を演じて下さい！

AFTER BEFORE

AFTER BEFORE

BEFORE

AFTER

女優メイク

contents

- 4 prologue 「女優メイク」で、私の知らない私になる
- 8 女優メイク「4つの顔」分類表

第1章 女優・北川景子が「4つの顔」に挑戦！

- 10

第2章 4つの「女優メイク」徹底解説

- 17
- 18 A 美人女優FACE
- 26 B 正統派モテFACE
- 34 C 都市型美形FACE
- 42 D 小悪魔ドールFACE

女優メイクブラッシュアップQ&A

- 48 メイクに悩む読者3人が4つの「女優メイク」に挑戦！
- 50 「似合うメイクがわからない」
- 52 「やりすぎメイクで老けてしまう」
- 54 「子供っぽくアカ抜けない」
- 54 女優メイク流「ファンデーション」完璧講座
- 56 重要ポイント「眉」の描き方を徹底解説
- 58 最強の「大きな目」を作る劇的アイメイク 全プロセス

トップ女優の「女優メイク」研究

- 24 柴咲コウ
- 32 松雪泰子
- 40 常盤貴子

第3章 女優メイク人生相談
こんな時、どんなメイクでHAPPYになる？

- 60 厳しい彼ママと初対面　好印象をもってもらいたい！
- 62 プレゼンや営業にふさわしい仕事のデキる女に見せたい
- 63 今日こそ彼に結婚を決意させたい
- 64 法事やお葬式にどんなメイクがふさわしい？
- 65 お気に入りの男性と初デート。可愛く気に入られたい！

SPECIAL COLUMN
- 66 海外セレブの「女優メイク」をチェック！

第4章 こう見せたい！をかなえる
キーワード別 女優メイク・アイデア集

- 70 ●キレイな女性　●ナチュラルな雰囲気
    - ●カワイイ女のコ　●セクシーな女性　●上品な女性
    - ●明るいイメージ　●お嬢様なイメージ　●優しい雰囲気
    - ●大人の色気がある女性

第5章
- 78 女優メイクに似合う流行ヘア図鑑
- 80 ZACCサロン紹介 協力店リスト

監修
ZACC 高橋和義

本書「女優メイク」を監修したのは、超有名ヘアサロン「ZACC」CEOである高橋氏。「本格的なメイクアップの本は初めて」という高橋氏だが、雑誌やCM撮影などでの、女性の魅力を数段アップさせるメイク・テクニックへの評価は非常に高い。ヘア作り同様、理論的なルール構築、一般女性でも再現可能な実践メイクという点で、他のメイク本とは一線を画す画期的な内容となった。

現在、ZACCは、青山に3店舗、原宿に1店舗、代官山に1店舗と、それぞれ個性あふれる5店舗を展開している。ヘアだけにとどまらず、エステティックや、カフェ、ブライダル・メイクなど、「女性を美しくする」という大命題の下、ZACCのフィールドは限りなく広がっている。（ZACCの各サロンの紹介は、P80をご覧ください）

最新のモテ顔を、4タイプに分類!

女優メイク「4つの顔」分類表

女優メイクのテクニック解説は、左の「4つの顔分類」をもとに展開されます。
自分は、どの顔タイプに属するのかを、まず判定してみましょう。
この「女優メイクBOOK」では、
ひとりの女性がどのタイプにも変身できるようなメイクテクニックや髪型アレンジを紹介していきます。
「女優メイク」でどんなイメージの女性に変身したいのか?
分類表を見ながら、しっかりイメージしてください。

「4つの顔」タイプとは・・・・

C 都市型美形FACE
シャープでかっこいいイメージ

A 美人女優FACE
優しく女らしいイメージ

D 小悪魔ドールFACE
強めキュートなイメージ

B 正統派モテFACE
さわやかで可愛いイメージ

顔タイプ分類法

STEP 2
横軸

顔パーツの形や印象で
男顔か女顔かを判定

横軸では、目や眉、鼻、唇といった、パーツの印象に注目します。顔パーツが、「目立つ」「強い印象」「シャープである」という顔立ちなら、男顔と判定します。目力があったり、鼻筋がしっかり通っていたりする顔です。逆に、「ナチュラル」「やさしい」「曲線的」という顔立ちなら、女顔となります。顔パーツが小ぶりな人や甘口な印象の人はこのタイプ。

STEP 1
縦軸

頬の長さや形で、
輪郭や顔の大人っぽさ度合を判定

左表の縦軸では、顔を正面から見た時の頬の印象に注目します。細長いだ円型の印象ですか? 縦横の長さが同じくらいの丸い印象ですか? 細長い印象であれば大人顔印象、丸い印象であれば、子供顔印象となります。また、目の位置が、顔の長さ(頭頂部からあご先まで)のちょうど半分くらいの位置にあると子供顔印象、上にあるなら大人顔印象です。

STEP1、STEP2の判定が終わったら、左の表で、どの顔タイプになるのかチェックしましょう。
また、表に分類された女優、タレントの顔写真を参考に、
自分がメイクでどの顔タイプに変身したいかもイメージしましょう!

大人顔印象
細長くだ円型の頬。面長の印象。

[C] 都市型美形 FACE
シャープでかっこいいイメージ

大人っぽい
輪郭イメージ
＋
はっきりした
顔パーツ

輪郭は面長印象、もしくは頬がすっきりしている大人顔で、顔パーツは、シャープではっきりしているタイプ。眉や目尻がキリッと上がっていたり、鼻筋がしっかり通っていたり、濃い目で辛口な顔立ち。女優でいうと、柴咲コウ、松雪泰子。この顔立ちを生かすメイク&この顔立ちに変身するメイクの解説は、34ページから。

[A] 美人女優 FACE
優しく女らしいイメージ

大人っぽい
輪郭イメージ
＋
ナチュラルな
顔パーツ

輪郭がやや面長印象であるか、もしくは、目の位置が顔の真ん中より高い位置にある人で、顔パーツそれぞれがナチュラルでやさしい印象の顔タイプ。女優でいうと、竹内結子のイメージ。爽やかで、大人っぽく、上品でキレイな女性の印象です。この顔立ちを生かすメイク&この顔立ちに変身するメイクの解説は、18ページから。

男顔 ← → 女顔

男顔
顔パーツが、「目立つ」「強い印象」「シャープ」

女顔
顔パーツが、「ナチュラル」「やさしい」「曲線的」

子供っぽい
輪郭イメージ
＋
はっきりした
顔パーツ

輪郭はB顔同様、目の位置が低く、頬がキレイに丸い印象で、顔パーツはC顔のようにしっかりと主張。ばっちり二重だったり、まつげが長かったり、目力が強いタイプ。女優でいうと沢尻エリカ。人形のようだけどシャープな印象で、同性からも憧れられるタイプ。この顔立ちを生かす&この顔立ちに変身するメイクの解説は、42ページから。

子供っぽい
輪郭イメージ
＋
ナチュラルな
顔パーツ

目の位置が顔の真ん中くらいの位置にあり、面長というよりキレイな丸い頬の人で、顔パーツはA顔同様ナチュラルでやさしい印象の顔タイプ。子供顔のキュートさの残るイノセントな女性のイメージ。守ってあげたくなるピュア感で誰からも愛される永遠のモテ顔。この顔立ちを生かすメイク&この顔立ちに変身するメイクの解説は、26ページから。

[D] 小悪魔ドール FACE
強めキュートなイメージ

[B] 正統派モテ FACE
さわやかで可愛いイメージ

子供顔印象
頬の形が丸い印象。
顔の長さ、頭部の長さを感じない。

第1章
メイクを変えて違う自分に出会う!
北川景子が「4つの顔」に挑戦

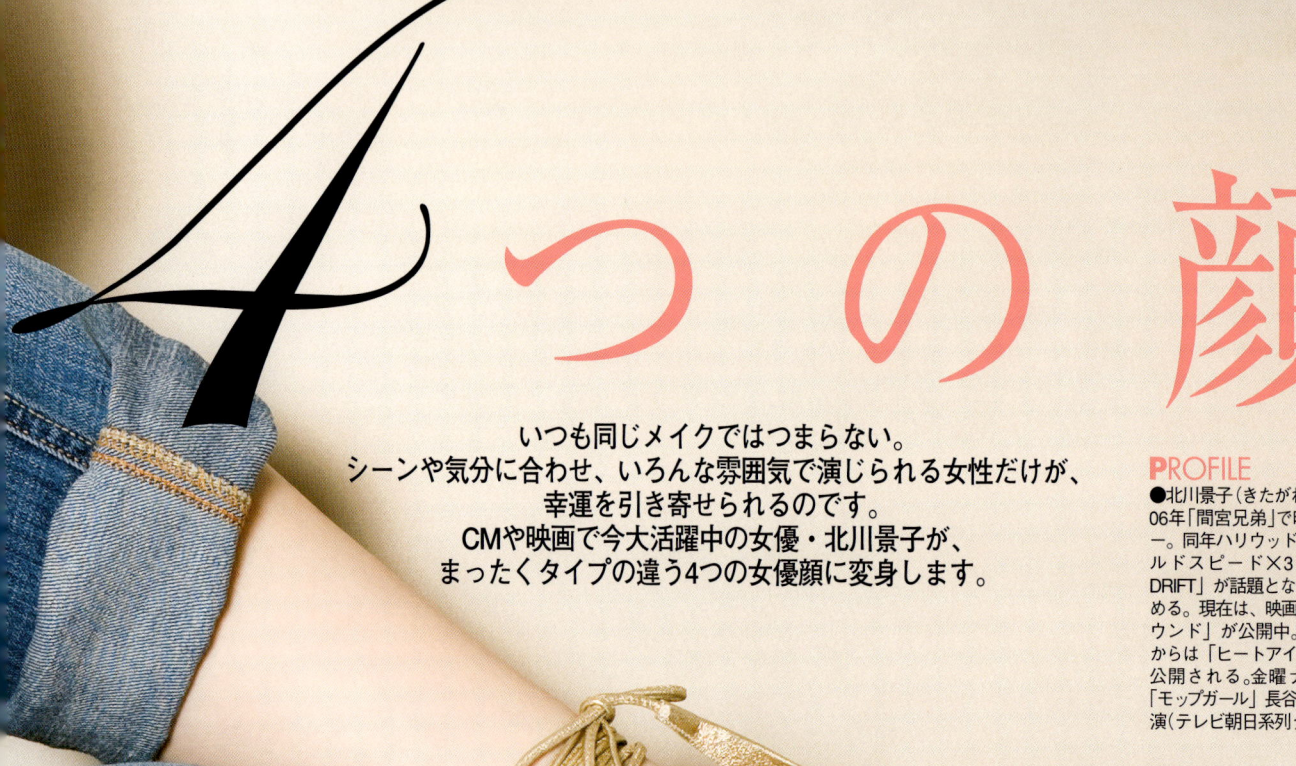

4つの顔

いつも同じメイクではつまらない。
シーンや気分に合わせ、いろんな雰囲気で演じられる女性だけが、
幸運を引き寄せられるのです。
CMや映画で今大活躍中の女優・北川景子が、
まったくタイプの違う4つの女優顔に変身します。

PROFILE
●北川景子(きたがわ・けいこ) 06年「間宮兄弟」で映画デビュー。同年ハリウッド映画「ワイルドスピード×3：TOKYO DRIFT」が話題となり注目を集める。現在は、映画「サウスバウンド」が公開中。10月20日からは「ヒートアイランド」が公開される。金曜ナイトドラマ「モップガール」長谷川桃子役主演(テレビ朝日系列 金23:15〜)。

チュニックワンピース 99,750
円／Tracy Reese（東レ・ディ
プロモード）　デニム、サンダ
ル／スタイリスト私物

女優メイク

ワンピース 58,800円／julie haus(DGN) ファーのチョーカー／スタイリスト私物

STYLE A
優しく女らしい私になる
美人女優FACE

つややかで透明感のある肌作りと
優しく見せる目元や口元のメイクで、上品な美人顔に。
誰もが憧れるキレイなお姉さんがイメージ。

12

ワンピース 55,650円／julie haus（DGN） ゴールドのネックレス 36,750円／archi（レイビームス原宿） 白のネックレス／スタイリスト私物

STYLE B

さわやかで
可愛い私になる

正統派モテFACE

色のトーンを合わせた
目や頬、口元…。
笑顔が似合う
ナチュラル&スイートな表情に。
守ってあげたくなるような
ピュアな女の子を演じて。

ブラウス 57,750円/Plenty by Trancy Reese（東レ・ディプロモード）、3連ネックレス10,290円/gorjana（DGN）

C
STYLE

シャープでかっこいい私になる
都市型美形FACE

目力とメリハリのあるメイクで、
かっこよさと女らしさを兼ね備えた洗練オーラ漂う女性に変身。
オシャレも大胆に冒険したくなるメイクです。

チュニックワンピース 71,400円／Tracy Reese（東レ・ディプロモード）、ネックレス／スタイリスト私物

STYLE D

強めキュートな私になる

小悪魔ドールFACE

強く印象的な目元と、ぷっくりとしたキュートな唇。
このアンバランスさが男性を引き付ける魅惑的な表情を作ります。
目が大きく見えるアイメイクテクは必見です！

監修：ZACC高橋和義さんによる
北川景子「4つの女優顔」メイク解説

C 都市型美形FACE ▶ P14

パープルのクールな目元でかっこよく！

彫りの深さを演出するノーズシャドウやハイライト使いと、インパクトのあるアイメイクで印象的なかっこいい美形顔に変身。
[EYE] パープルの濃淡シャドウでグラデーションを作る。目頭からアイホールのくぼみまで広範囲に色を乗せるのがポイント。リキッドアイライナーで上まつ毛のキワに細めにラインを入れて、目尻から少しだけはみ出すぐらいまで引いて。下まつげはペンシルでキワだけに引く。マスカラはまつ毛根元にたっぷりつけ、目の印象をUP。
[CHEEK] オレンジチークを耳横から頬骨に沿って、平たく。
[FACE] 鼻筋の両サイドにライトブラウンのシャドウで影を作る。ハイライトは目の下の三角ゾーンにON。ラメの少ないホワイトパールを選んで。

A 美人女優FACE ▶ P12

優しさを印象づける色使いがポイント

全体を肌色に近いオレンジベージュ系の色味で統一してあげることで美人度を高めます。
[EYE] 黒目上にオレンジブラウンのシャドウをのせ、全体にぼかす。まつ毛は黒目上の毛が一番濃くなるように塗って。
[EYEBROW] 丸みのあるアーチ眉になるよう、眉頭から描き始め、眉頭と眉尻が同じ高さになるように、少しずつ描き足す。
[CHEEK] 頬骨の一番高い位置に、オレンジベージュのチークをブラシでのせて、円を描くようにふんわり丸く入れる。
[LIP] ベージュのリップで全体のトーンを抑えてから、2色のグロスをON。先にヌーディベージュのグロスを塗り、次に上下唇の中央にだけ赤いグロスを塗る。この3色で上品で優しげな口元になれる！

D 小悪魔ドールFACE ▶ P15

目元以外をヌーディに仕上げるのがコツ

目を囲むように入れたアイラインやつけまつ毛で目力を強くする分、眉やチーク、リップの印象を弱め、可愛らしさを加える。この引き算メイクが小悪魔ドール顔の絶対ルール！
[EYE] 上まぶたのキワはまつ毛の内外両方にラインを引き、下まぶたにはインサイドラインを。目尻部分で上下のラインをつなげて目を大きく見せる。目尻のまつ毛にだけつけまつ毛を。仕上げにマスカラを塗り、地まつ毛とよくなじませて。
[CHEEK] 耳のつけ根から頬骨の中心に向かって、横長にチークを入れる。色は主張しすぎず顔色が良く見える、ピンクベージュをセレクト。
[LIP] 色味というよりぷっくりとした質感が重要。ヌーディなグロスを全体にのせて完成。

B 正統派モテFACE ▶ P13

さわやかな可愛さを演出する肌作り

モテFACEにはピュアさを印象づけるため、肌をフラットに見せるベースメイクが重要。まずはたっぷり化粧水で保湿力を高め、色のつくタイプのクリーム系の下地とコンシーラーで均一なナチュラル肌に整えます。
[EYE] ほんのりラメの入ったオレンジピンクのシャドウを二重の幅にライン状に入れて、アイホールに向かってぼかす。下まぶたのキワには、白に近いピンクのラメを入れて、目のキラキラ感を演出。
[CHEEK] サーモンピンクのチークを大きいブラシで、頬骨の中心に丸く入れて。ほんのり色づく程度で十分。
[LIP] 透明のグロスを全体に。ツヤ感重視だから、ラメやパールが入っているものは避けて。薄いベージュのグロスもOK。

第2章

シーンに合わせて、最も魅力的な自分を演出するために、
4つの女優メイクをマスターしましょう。
それぞれのメイクを、
[3大メイク・ルール]＋[ハイライトを中心とした仕上がりテク]で解説。
印象を変えるためのコツがギュッとつまった
メイク・マニュアルです。

4つの女優メイク徹底研究

A P.18
美人女優FACE

B P.26
正統派モテFACE

C P.34
都市型美形FACE

D P.42
小悪魔ドールFACE

How to 美人女優Face Make Up

3大ルール

1 プリッと たまご型
美人の代名詞
たまご型の輪郭と
ベースメイクが決め手

2 女オーラ目
クリッと丸目
強すぎる
目元はNG

3 優しい口元
丸みのある
輪郭が
女エッセンス

A 美人女優FACE

優しく女らしい私になる

お手本は竹内結子みたいな典型的な美人顔。
美人なのにどこか親しみがあって
優しく包みこむようなオーラを放つ魅力的な女性。
そんな上質なオーラをメイクで作り出すには
たまご型の輪郭と優しいラインがカギ。
異性はもちろん、同性受けもよく
どんなシーンでもハズしなしの女優メイク。

プロセスガイド
- ファンデーション
- ▼
- アイブロウ
- ▼
- アイ
- ▼
- リップ
- ▼
- チーク
- ▼
- ハイライト

1 プリッとたまご型

奥行きのあるたまご型の顔立ちを作るには、2色のファンデーションが必需品。色を塗り分ければ、たまごのような立体感が生まれる。

明るい色は、軽くたたき込む
暗い色は、ひっぱりあげるように

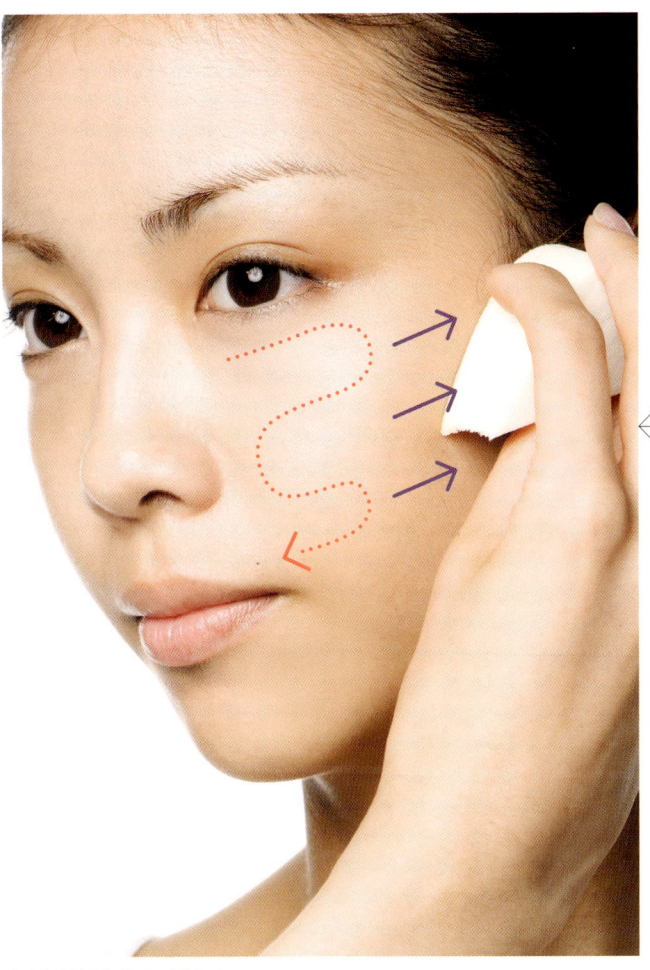

たまご型の輪郭を作る
明暗ファンデーションは、点で置く

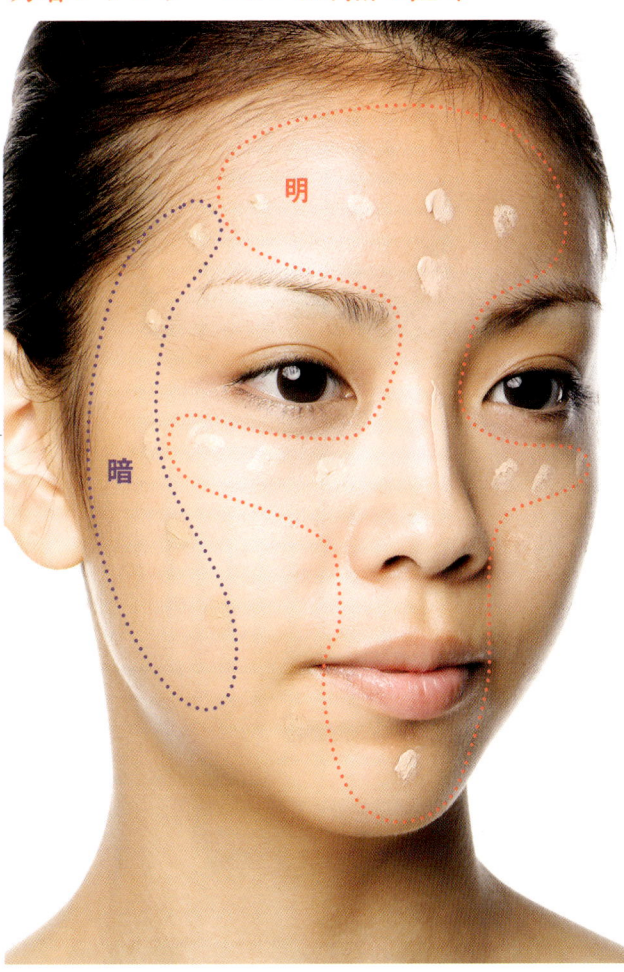

明

暗

メイクがくずれやすい頰は、毛穴ひとつひとつを埋め込むように、薄くなじませるのがコツ。フェイスラインは、スポンジでのばしてツヤ感をだして。小鼻脇、口角などのこまかい塗り残しもチェック。

少量のファンデーションを指の腹にとり、点で置く。赤線内は高く見せたいから明るい色を、紫線内はほっそり締めて見せたいので暗い色をON。左右の頰から一気にひろげて。

POINT
ブラシを使って
放射状にのばして

内から外にのばすのが基本ルール。額もはえぎわ、こめかみに向かって放射状に。ブラシを使うメリットは、すばやくできて、ファンデーションを適量のせやすいこと。毛穴レスななめらか肌に仕上がる!

ローラ メルシエ シルククリームファンデーション 35ml ベージュアイボリー (明)、ローズアイボリー (暗) 6,300円/ローラ メルシエ つけ心地は軽く、ナチュラルなのにカバー力がある好質感のクリーム。

How to 美人女優Face Make Up

2 女オーラ目

優しくて品格のあるまなざしは、丸みをもたせたライン作りとぼかしテクで成功。深みのあるパープルなら女濃度高め！

アイブロウ・アイシャドウ・マスカラは
丸いラインを意識して

眉は引き算して、アイブロウパウダーをふんわりのせて、色をトーンアップする程度に。眉頭と眉尻は同じ高さに。眉山下に白シャドウを丸く入れると、光効果でゆるやかなアーチが出現。

ビューラーを目の中央部分にぴったりあて、まつげ根元を軽くはさむ。根元から毛先までを4、5段階くらいにこまかく分けてはさんでいくと、まつげの真ん中だけカール効果が。

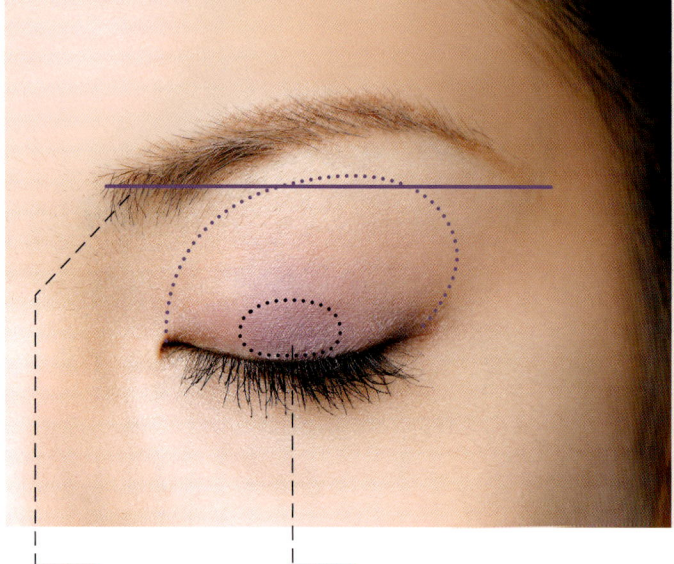

OK
ゆったり
アーチを描いて
優しい表情

OK
まぶた中央を強調
丸目をつくる
アイシャドウをON

OK
真ん中
くるんと
カールまつげ

POINT
まるくぼかしたシャドウ効果で立体丸目に

パープルシャドウを薬指の腹にとり、一番色を濃くみせたい上まぶたの黒目上にポンとのせる。のせた色の境界線を、チップで中心方向にぼかす。目を開けたときに、ぼけ足が少し見えると目に奥行きが。

POINT
マスカラは中央たっぷり目尻は逃して

中央→目頭→目尻の3パートに分け1度塗り。中央のみ重ね塗りして、黒目上のまつげを増量。これも丸目に見せる作戦のひとつ。下まつげはさらりと1度塗りで仕上げて。

（右）アナ スイ アイカラー アクセント 205 2,625円／アナ スイ コスメティックス　あたたかみのあるパープル。優しい美人顔にモダンな印象をプラス。
（左）ランコム ヴィルトゥーズ 01 3,990円／ランコム 独自のブラシでボリュームと100度を極める曲線美のカールが手に入る。

3 優しい口元

きっちりラインや濃い色一色で仕上げるのはNG。フォルムはあくまで丸く、グロスを高いところにのせて立体感を強調。

リップメイクが完成！
ツヤも十分
強すぎず上品な口元に

輪郭より内側に
丸みをつけるように

リップ＋グロス 2色使いで立体感を

リップブラシにピンクベージュのリップをたっぷり含ませる。表面をなでるよう全体に。輪郭より内側に、丸みをつけるように描くこと。ピンクグロスを上下唇の真ん中に薄く塗り、ふっくら感をアピール。

（左）メイベリン　ウォーター シャイニー ピュアダイヤモンド　820　1,260円／メイベリン ニューヨーク　ベージュは肌になじみすぎて苦手！と敬遠している人こそ試してほしい色。

（右）オーブ　グロスフルーティナ 14　2,100円／花王　フルーツみたいにみずみずしく透明度もバツグン。美容液の成分から生まれたグロス。

How to 美人女優Face Make Up

仕上がりテク

チークとハイライトで顔の奥行きを操作
浮き上がるようなたまご肌

眉間とアゴ先を往復
顔中心が
浮き上がるように

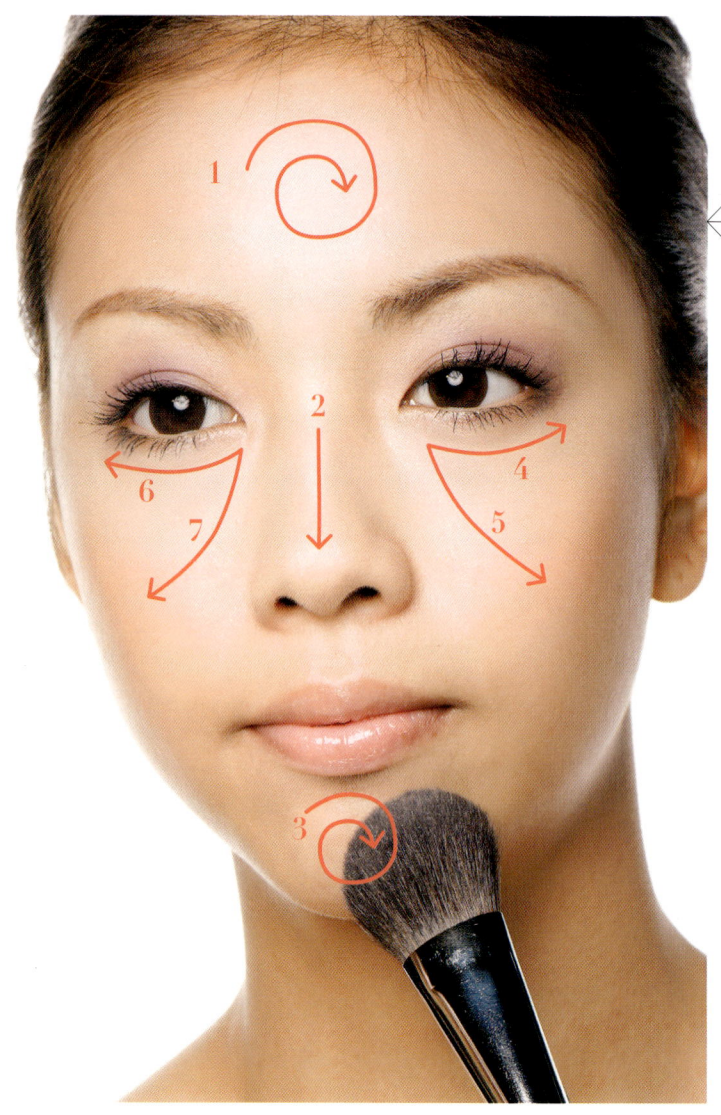

血色が足りない人は
ハイライト前にチークをプラス

ここで顔色チェック！不健康そうに見える人は、チークを足して。Aのサーモンピンクをブラシにとり、頬骨の高いところに丸く入れる。うっすら赤みを足すようになじませて。

イプサ オプティマムバランス フェイスカラーパレット VIII 4,725円／イプサ 小顔に仕上がるフェイスカラーパレット。チーク、ハイライトのほか、チークを肌色になじませる色、肉付きと骨格調整をする隠しカラーつき！

前髪テクでさらに女優顔

全体はゆる巻き、前髪はロールブラシを使って内巻きにカール。ブラシを抜くようにしてサイドに流すと、ふんわりナチュラルな、ななめ前髪が完成。

ベースのたまご肌にさらに磨きをかけて。自然なつやがでる白パールハイライトを、1額、2鼻筋、3あご、4～7目の下にのせて終了。2回繰り返し。生まれつきの骨格も見違えるはず。

シュウ ウエムラ グローオン Pシルバー91 2,940円／シュウ ウエムラ メイクの仕上げに最適なニュアンスカラー。パール系ホワイトにシルバーパール配合。

Finish
美人女優 FACE

服・ネックレス
／スタイリスト私物

優しいフォルムに
品のある色気
記憶に残る美人女優顔

トップ女優の「女優メイク」研究 1

2億円の近道。
① ここの売り場で。
② 6つの数字を選ぶ。

かんたん、毎週2億円のチャンス。

LOTO 6 ロトシックス

本来のB顔に、大人っぽいA顔要素をプラス！

さまざまな表情を見せてくれるLOTO 6のCMポスター。彼女本来のB顔正統派モテFACEの魅力を生かしつつ、顔の縦ラインを強調するななめ前髪や、ラインをしっかりとった目元メイクで、大人印象が加わり、A顔美人女優FACEの要素がミックスされた究極の好感メイクに。

©LOTO6

Tokiwa
常盤貴子

フェミニン＆ナチュラルな雰囲気を持つ女優・常盤貴子。顔パーツは、ゆるやかなアーチ眉や、小ぶりな唇などフェミニンで、B顔正統派モテFACEと言えそう。ただし目力は強く、C顔都市型美形FACEやD顔小悪魔ドールFACEの要素もあり。

上品なまなざしと口元で上質で優美な女性像へ

DYDOのCMポスターでは、優しく品格たっぷりの、A顔美人女優FACEへ。柔らかい曲線を描く眉毛に、エレガントなまなざし。口元はベージュ系で、色っぽくもエレガント。そして、チークとハイライトで顔の奥行きを操作して、浮き上がるようなたまご肌を実現！額を出しつつも、子どもっぽさは感じない、上質で優美な女性像の完成。

©ダイドードリンコ

強めアイメイクとマットな赤リップで大人顔強調

映画「地下鉄（メトロ）に乗って」では、昭和38年に生きる女性を熱演。メイクは、この時代の女性らしさを意識し、目元は眉、アイライン、マスカラとすべてがくっきりと強め。口元もマットな赤リップをしっかり引いてメイクのポイントに。顔パーツを強調することで、大人顔のC顔都市型美形FACEにより近づいた感じ。

映画「地下鉄（メトロ）に乗って」より
© METRO ASSOCIATES

Takako

How to 正統派モテFace Make Up

3大ルール

1 すっきり目元
さわやかな
目元に
隠れファン急増

2 まんまるチーク
幸せオーラの
ピンクチークは
モテの特権

3 少女グロス
透明度の高い
ピュアな唇演出は
グロス2色で

B 正統派モテFACE

さわやかで可愛い私になる

可愛い顔立ちを印象づける、正統派モテ顔は
すっぴん風メイクの常盤貴子がイメージ。
ハッピーな恋愛を連想させる幸せ色のチークに
さわやかで誰からも愛されるキャラを演じる
目元や口元。
大人の可愛いさを失わず
好感度の高いモテを狙うならこの顔！

プロセスガイド

ファンデーション
▼
アイブロウ
▼
アイ
▼
チーク
▼
リップ
▼
ハイライト

1 すっきり目元

ただの地味な人にならないように、目のフレームははっきり印象づけたいところ。直角にのびるまつげで存在感を。

根元から上がった すっきりまつげが理想 ビューラー使いが決め手

陰影を 強調したくないから まぶたは淡く仕上げる

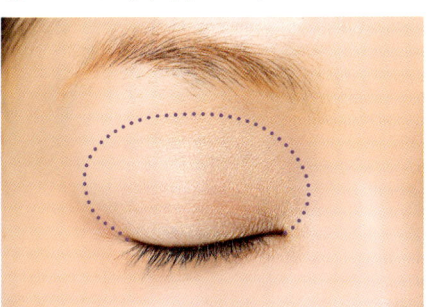

根元から →

まぶたにツヤを与えて肌質を上げるだけで十分。シャンパン色シャドウを中指の腹にとり、上まぶた全体にたたくようになじませて。同色を下まぶた涙袋にもひと塗り。ぷっくりふくらませて可愛らしさをアピール。

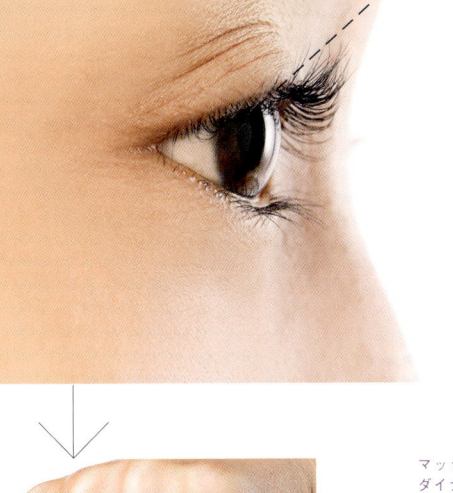

マックス ファクター ラッシュ ダイナミスト ブラック 2,940円／マックス ファクター　ブラシの進化で重くならず、より太くより長く、美まつげを実現。

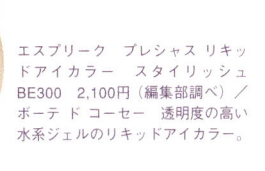

エスプリーク プレシャス リキッドアイカラー スタイリッシュ BE300 2,100円（編集部調べ）／ポーテ ド コーセー　透明度の高い水系ジェルのリキッドアイカラー。

アイラインなしでも 目の縁取りが完成 根元にたっぷり

少しあごを上げ、目線を下に。まぶたを軽くひき上げながら、中央→目頭→目尻の順に黒マスカラをON。ブラシをまつげ根元で左右にゆらしながら、液をからめる。ななめ前にスーッと抜いて、目尻側には広げない。

POINT 同じ位置（角度）で 2、3度まつげを はさみ直して

頬に手がふれた状態のまま、まぶた正面からまつげのキワを軽くはさむ。そのまま、手首を頬から20～30度の角度まで浮かせる。同じ位置でまつげをはさみ直して、根元を立ち上げて！

2 まんまるチーク

肌の内側からとけ出すような自然なチークが理想。普通にしていても笑顔に見えちゃうから、ラブ運もUP。

**チークを置いたところ中心に
くるくる回して
大きめにぼかして**

**イーッと笑って高くあがる
頬骨に向かって
45度の角度でON**

45度に

ブラシにピンクチークをとり、手の甲で余分な粉をはらう。チークが広くつきすぎないよう、ブラシを短く持ち、頬骨に向かって45度の角度で色を置く。

始点
範囲

チークを入れる位置

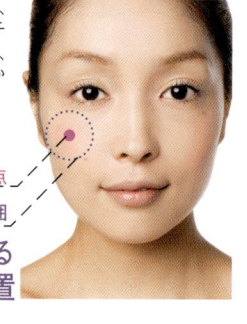

にっこり笑いながら、始点を中心にブラシで円を描いて、ピンクの範囲を広げていく。肌に触れるか触れないかくらいに軽く、薄くなじませる。色を感じる程度についたら終了。

アナ スイ フェイスカラー アクセント 301 2,940円／アナ スイ コスメティックス 見た目よりも肌の上で落ち着く赤みのあるチェリーピンク。

POINT
**広げたチークを肌に
自然にとけこませる**

きれいなパフを半分に折る。目の下、鼻筋から耳のつけ根に向かって、横にすべらせるように、チークと肌の境界線をなじませる。エラ方向も同様に。広げすぎ＆つけすぎチークに有効。

3 少女グロス

グロスの上に、さらにグロスでコート。にごりのない色とフレッシュなツヤで、無垢な少女のような唇を手に入れて。

とろけるような赤グロスでピュアな立体感を

上唇の山と下唇の高いところに赤グロスをピンポイントづけ。点線内にチョンチョンとラフにつけていくと、唇に透明感の高い輝きがプラスされる。

唇のくすみやにごりをオフ ベージュグロスを下地に活用

赤グロスの透明感を出したいから、唇のくすみをベージュグロスで消す。付属のブラシにとり、唇全体に薄くまんべんなくなじませる。仕上げは上下唇をパタパタさせて、グロスを密着。

ルナソル フルグラマーグロス 06 2,625円／カネボウ化粧品　厚みのあるリッチなツヤが特徴。上品なベージュ色が使いやすい！

エレガンス コンフィチュールグロス 01 3,675円／エレガンスコスメティックス　みずみずしいツヤと透明感のある発色でさわやかセクシーな唇に。荒れ防止にも。

How to 正統派モテFace Make Up

仕上がりテク

凹凸のないフラットな肌を作るために陰影を浅く仕上げるハイライトを

額＆目頭のくぼみ Cゾーンを明るく 鼻筋は控えめに

キュートさを演出する肌レベル一段上げのハイライト

ハイライトを使ってさらにフラットな肌に仕上げる。白いパウダーを大きめのブラシにとり、1目の下から口元、2エラ、3耳つけ根に向かって各2回。チークの上からのせると、骨格の修正＋美肌効果もあり。

セザンヌ フェイスコントロールカラー 1ホワイト（マット）420円／セザンヌ化粧品　ハイライト用のパウダー。マットタイプはシャープな立体感をプラス。

額はブラシを横に動かすようにして、横軸の印象を強化。さらに目頭のくぼんだ部分にふんわり入れて、離れ目を演出。キュートな印象を際立たせて。

ハイライトは1色に絞ってフラットな顔立ちに！

前髪テクでさらに女優顔

前髪を広くとり、額を見せてさわやかに。マジックカーラーで前髪を内巻きにした後、髪全体を内巻きブロー。ワックスで表面をなでつけた後、手ぐしでコーミング。

まんまるチークが助演!
幸せオーラを引き寄せる女優に

Finish
正統派モテFACE

ピンクワンピース(ネックレス付)
13,650円／MERCURYDUO

トップ女優の「女優メイク」研究 2

**強めアイライン＋
メガネの相乗効果で
絶妙FACEが誕生！**

アイウェアのプロデュースも手がけているだけに、メガネ姿も様になりカッコいい彼女。SEEDのビジュアルでは、メガネに合わせてアイラインをきっちり引いて大人顔。でも、この強めアイライン＆メガネの相乗効果により、輪郭の横幅が強調され、B顔正統派モテFACEの雰囲気もやや感じさせる。クールさと可愛さが同居した絶妙FACE！
©SEED

Matsuyuki
松雪泰子

女優・松雪泰子の素顔は、完璧なC顔都市型美形FACE！　縦長の大人っぽい輪郭の顔立ち。切れ長で強い意志を感じさせる目とスッと通った鼻筋。シャープでクール、仕事ができるかっこいい女性の魅力にあふれている。

丸くぼかした
シャドウ効果で
A顔寄りの印象

1970年代の実話をもとにした大ヒット作映画「フラガール」では、炭坑町の少女たちにフラダンスを教えるダンサーを熱演。冒頭、色味が強いメイクで登場したけれど、心の変化に合わせてA顔美人女優FACEに変化。中央にたっぷりマスカラを乗せて、まるくぼかしたシャドウ効果で立体丸目に。優しく柔らかい印象。

映画「フラガール」より
©2006 BLACK DIAMONDS

目元＆口元に
アクセント！
小悪魔メイクの最強版

ミュージカル「キャバレー」では、奔放な歌姫サリーを演じる彼女。ビジュアルメイクは、目をぐるりと囲むようにアイシャドウとリキッドライナーを入れ、目元を思いきり強調しているのが特徴。光沢感がある赤リップもアクセントとなり、D顔小悪魔ドールFACE最強バージョンの出来上がり！

東京は10/21まで青山劇場にて。10/26から愛知・大阪にて公演。詳細はwww.parco-play.comへ

Yasuko M

How to 都市型美形Face Make Up

3大ルール

1

上昇眉毛
できる女を演じる
シャープ眉。
顔立ちキリッ！

2

切れ長アイ
スモーキー色の
ハーモニーで
女度上昇

3

立体ぷるん唇
なじみ色で完成。
いい女風
大人リップ

C 都市型美形FACE

シャープでかっこいい私になる

かっこいい系美人顔の代表といえば、柴咲コウ。
縦長の大人っぽい輪郭に、きりっとした
芯の強い目鼻立ちをもった都市型美形顔。
そんな美形顔に近づくためには
求心的なパーツと深い骨格をメイクでつくること。
仕事ができる女を演じたいとき、
品よく、目立ちたいときに大活躍。

プロセスガイド
- ファンデーション
- アイブロウ
- アイ
- リップ
- シェーディング
- ハイライト

1 上昇眉毛

強い意志を感じさせる直線的なラインこそ、都市型美形顔にベストな眉。眉間をより近づけ、彫り深アイにみせる効果も。

**眉上ラインは
シャープさを印象づける
重要エリア**

右が上昇眉毛完成型。眉山に向かってゆるやかな上昇ライン。特に眉山までは、眉上ラインを強めに描いて強調させること。眉にシャープさが出て、目元のメリハリ感は見違えるよう。

眉上ラインを強く　眉山

Before　　　　　　　　　　After

POINT

**眉山から眉尻まで
フォルムの微調整
眉の完成度が
格段にUP**

スクリューブラシを使って、眉山から眉尻までを修正。眉下ゾーンはゆるやかになぞる。眉上ゾーンはシャープさが欲しいのでまっすぐブラシを抜いて。

POINT

**縦に↑
ななめ上に↗
ラストはひと筆**

ブラウンのアイブローペンシルで、縦&ななめ上に眉毛を1本ずつ描く。まばらな部分を埋めるように描いて。眉山から眉尻はスーッとひと筆描きで。

(右)ケイト　デザイニングアイブロウN EX-4　1,260円／カネボウ化粧品　茶系の濃、中、淡、3色パウダーを眉色にあわせて自分流にMIX使い。

(左)テスティモ　Wデザイニングアイブロウ（ホルダー）1,260円、アイブローペンシル（OV）、アイブロウチップパウダー（レフィル）BR-37　各945円／以上カネボウ化粧品　太細思いどおりのラインに。

2 切れ長アイ

シャドウ&ラインのダブル効果で、目の横幅を広げてインパクトのある目元に矯正。色の魔法で大人感も際立つ！

ケイト グラディカルアイズS BK-1 1,470円／カネボウ化粧品
大きな目をつくる4色グラデ＋シャドウ効果を持続するまぶた用クリームのセット。

目の横幅をワイドにみせる秘密のシャドウテク

ココが本物の二重

チップにAの濃いグレーシャドウをとり、目頭から目尻まで、目を開けたときに色を感じられるよう、二重の幅よりオーバー気味に入れる。目尻側は自然にはみ出させて。

Bの薄いグレーシャドウをブラシにとり、目頭からアイホールのくぼみにのばす。目尻のくぼみ部分はオーバーめに色を広げ、影を作って目幅をアップ。

クールな切れ長ラインは目尻3分の1から濃く！ 長く！

黒目上から目尻より少し長めに黒のリキッドラインをON。筆先を寝かせ、スーッと細いラインを描いて。黒目上はまつげキワを塗り込み、目頭から黒目上をつなげて完成。目頭→目尻へ再度ラインを重ねて補正。

上下ラインをつなげて目のフレームくっきり

黒ペンシルライナー使って、下まぶたの黒目外側から目尻まで、まつげ下側に目尻ラインを。仕上げに上のラインと目尻をドッキング。目幅が広がり、たれ目に見えて愛らしさもアップ。

1/3

下まぶたシャドウで甘さをプラス

クールな上まぶたの引き立て役に、下まぶたはあえて暖かみのあるグリーンシャドウCをセレクト。目頭は細め、目尻は太めに入れる。甘さがでて、キツすぎない目元が完成。

エレガンス アイシャドウ 88 5,250円／エレガンス コスメティックス イエロー、ブラウン、グリーンとスパイスに使える貴重色セット。

マジョリカ マジョルカ ラッシュエキスパンダーNEO BK999 1,260円／資生堂 ロングファイバー120％増量で、さらに長くまつげを整形。マスカラはななめ外側に目尻を強調するようにつけて。

3 立体ぷるん唇

目元が強いぶん、ヌケ感のある口元をつくりバランスを。才色兼備な美形リップは上品さもセクシーさもアピール可能。

唇の山を なだらかに描いて セクシーな女性らしさを

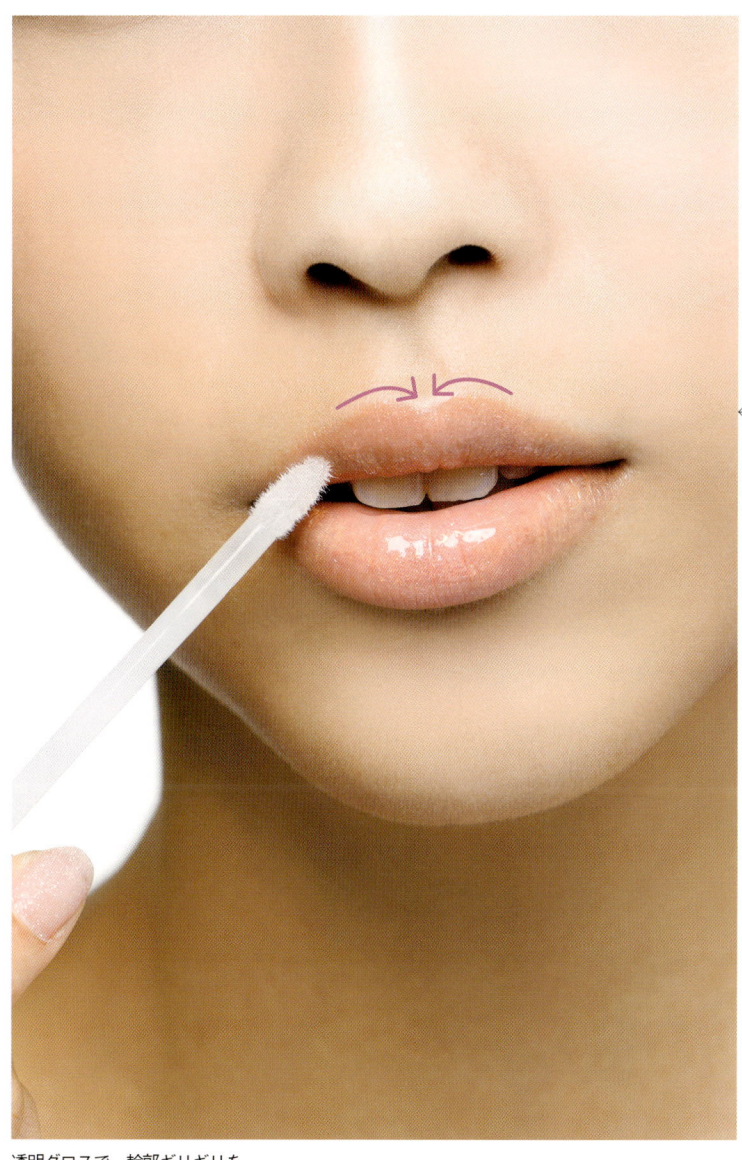

透明グロスで、輪郭ギリギリをなぞり、全体に薄くのばす。上唇の山部分は、角を出さず女っぽいラインを強調して。仕上げは、ぷりっとグラマーに見せたい下唇中央を重ね塗りして輝きを。

ルナソル フルグラマーグロス 05クリア 2,625円／カネボウ化粧品 エナメルのような光沢感。薄い唇の人は全体に使うと唇整形効果も高い。

輪郭より1ミリ内がカギ よれないグロスの 下地作り

ベージュリップをブラシにとり、輪郭より内側全体にON。縦じわを埋めるように、色を塗り込んで。ベージュの層が厚ぼったくならないよう、最後に余分なリップをティッシュオフ。

メイベリン ウォーター シャイニー ピュアダイヤモンド 819 1,260円／メイベリン ニューヨーク ゴールドにきらめくパール入り。

How to 都市型美形Face Make Up

かっこいい美形は影色でつくる
自然なシェイディングが重要

仕上がりテク

ボビイ ブラウン ブロンジング パウダー 1.5ナチュラル 4,725円／ボビイ ブラウン 頬の高いところにのせると小麦肌、顔の輪郭にぼかせば小顔効果が。

上昇ハイライト＆
ひきしめシェイディング完成図

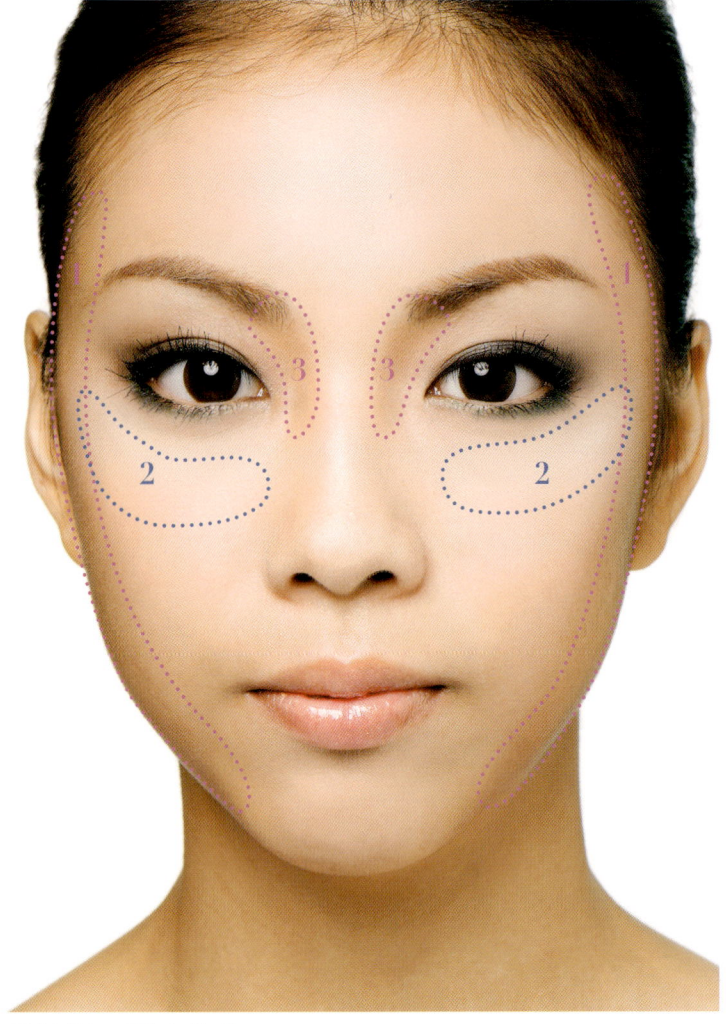

シェイディングはこめかみ→耳つけ根→エラの3パート

大きめのハケにブラウンのフェイスパウダーを含ませる。ブラシを振って、パウダーの量を調整してから、ほんのり影をつける程度にのせて。目元にパワーをもたせ、サイドからあごはへこませて小顔に。

骨格矯正ハイライトは直線的に

白フェイスパウダーで、目下から目尻の脇、上向きにスポットを入れて。頬骨の位置がさらに上がってみえ、目力もUP、顔にメリハリが生まれる。ギラつかない白パールがおすすめ。

ノーズシャドウは眉につながるラインを定位置に

再びブラウンのパウダーを少し細身のブラシにとる。始点から、眉にふんわりかかるようにひとはけ。次に鼻筋にそうようスッとブラシを下ろす。色が強く出すぎないよう注意して。

1ひきしめシェイディング。こめかみから口角横を通すように。2上昇ハイライト。目下から目尻横を通して上向きに。顔立ちに立体感が足りない人は3のノーズシャドウを実践して。

RMK　パウダーコンパクトN 2,100円（専用パフつき）、RMKプレストパウダー　レフィル P01 3,150円／RMK Division　くすんだ素肌が瞬時に透明感を増す。

前髪テクでさらに女優顔

女っぷりを増量してくれるセンターパートがおすすめ。根元のボリュームをゼロにしてからラインをとれば、浮かないパートが完成。全体をアイロンで内巻きに、華やかさを出して。

Finish

都市型美形
FACE

服／スタイリスト私物

陰影効果でパーフェクトな美形
大人のラブも余裕で演じる

トップ女優の「女優メイク」研究 3

ナチュラルだけど　パーツを主張！

彼女の素顔のタイプ、C顔都市型美形FACEを、すっぴん？と思わせるほどのナチュラルメイクで仕上げている。ヘアスタイルをセンターパーツにすることで頬がスリムに見え、彼女のもともとの大人輪郭をより強調。上昇眉毛に、切れ長アイで顔立ちをキリッと見せている。立体的なぷるん唇はセクシーさをプラス。

©UNIVERSAL MUSIC K.K.
©Stardust Music Inc.

aki
柴咲コウ

縦長の大人っぽい輪郭に、きりっとした芯の強い目鼻立ちを持ったC顔都市型美形FACEの代表格と言えば、女優・柴咲コウ。とびっきりクールな美形。だけど大人の可愛さとナチュラルさも持ちあわせているのも魅力！

丸いチーク
カラー効果で
幼な顔へ変貌

「組曲」のCMポスターでは、B顔正統派モテFACEに近づくメイクをしている彼女。肌の内側からほんのり浮き出し、肌を健康的に見せる赤系チークカラーを丸く入れてイノセント顔へ。ほんのりとしたツヤがフレッシュなピンクリップ、上昇させていない眉＆目元は少女っぽさを演出。新鮮で、とってもキュート＆ナチュラル！

©オンワード樫山「組曲」

メイクバランスで
目元への
吸引力は絶大

見事なコメディエンヌぶりを披露した「舞妓Haaaan!!!」。このときは、前髪をあげるなど、子ども輪郭。メイクは全体的に目元8、さりげ可愛めチーク1、脱力系グロス1のバランスでD顔小悪魔ドールFACEイメージ。全体的にナチュラルメイクで甘さを出しつつ、目元はばっちりで吸引力は絶大。

映画「舞妓Haaaan!!!」より
©2007「舞妓Haaaan!!!」製作委員会

Kou Shib

How to 小悪魔ドールFace Make Up

3大ルール

1 目元しっかり目力命
目尻に影を落とす
アンニュイな
目元で誘う

2 さりげ可愛めチーク
ふんわり色づく
ピンク系で
愛されオーラUP

3 脱力系グロス
口元で裏切る！
ヌーディな
ツヤツヤ唇

D 小悪魔ドールFACE

強めキュートな私になる

男心を魅了する
小悪魔フェイスの代表といえば、沢尻エリカ。
甘さとクールさ、2つの顔をあやつる演技力は
目元8、チーク1、グロス1
のメイクバランスで引き出して。
女を上げたい！2、3回目のデートに
恋愛体質な小悪魔メイクが効く。

プロセスガイド
- ファンデーション
- ▼
- アイブロウ
- ▼
- アイ
- ▼
- チーク
- ▼
- リップ
- ▼
- ハイライト

1　目元しっかり目力命

引き締め色の寒色ブルー系をセレクトして、はれ目から脱出。濃い眉、太眉は明るくカラーリングして、存在感を弱めて。

オーブ ジェエリーシャワーアイズ 33 3,675円／花王　柔らかな輝きのグラデーション。シャドウのベースにも使えるクリーム付き。

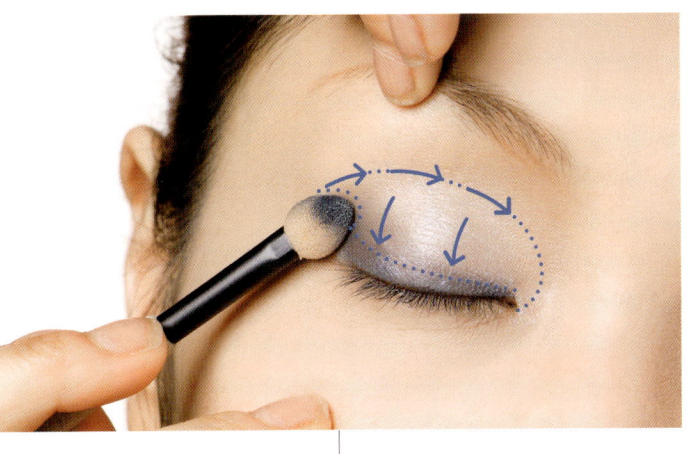

目尻のくぼみを強調して目のカタチをかえる!!

Aの薄いブルーシャドウで、横方向にアイホールのくぼみをなぞってから、上から下へまぶた中央にぼかし込み目の丸さを強調。Bの濃いブルーシャドウは二重の幅にライン状に入れ、さらに目尻側のくぼみも色を重ねて、目の幅を大きくみせて。

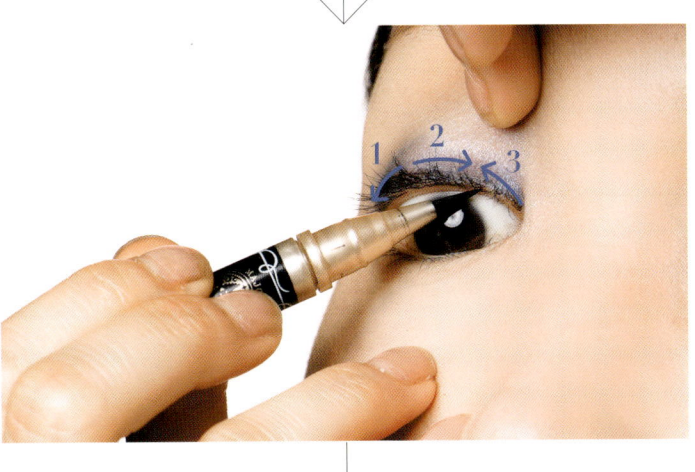

3パートに分け小悪魔な黒のリキッドラインを

1黒目外側から目尻にはね上げるように細くラインを入れる。2黒目上はまつげの間を埋め込むようフレームに。3目頭ギリギリから黒目内側まではまつげ外側に。さらに目頭→目尻まで、ラインを重ねてくっきりと。

（右）ボビイ ブラウン クリーミーアイペンシル 02スモーク 3,150円／ボビイ ブラウン　墨色。ブラックより強すぎない黒なので上品な囲み系アイに。
（中）マジョリカ マジョルカ ネオ オートマティックライナー BK999 1,260円／資生堂　目頭はくっきり細く、目尻のハネ上げもお手の物。
（左）まつげくるん セパレートコーム EH2351P オープン価格／ナショナル　くっつく毛先を温熱コームでセパレート。美形カールも長持ち。

下まぶたにもフルに入れて目力最強

黒のペンシルライナーを使って、粘膜の部分にインサイドラインを。目尻→目頭に向かって、ペンシルを小刻みに動かし、最後は上ラインと目尻をつなげる。丸め＆切れ長アイの仕上げには、目中央まつげをホットビューラーで上げ、マスカラを3、4回重ねづけして強調。

2 さりげ可愛めチーク

チークは可愛さ重視！あえてキュートに転ばせると、目元の強さとは違った表情をみせる小悪魔パーツに変化。

マックス ファクター ビューティー マックス チーク RS-1 2,100円／マックス ファクター コンパクトは別売り 1,000円 ほんのり自然な血色がほしいときにおすすめ。

頬骨中心から耳つけ根方向へ
ほんのり色づく程度に

頬骨中心から耳つけ根方向に、色づき具合をみながら1〜2往復させて。縦軸の印象が強い大人顔さんがキュートな顔立ちになるために欠かせないテク。

小悪魔顔には「だ円形」チークを
鼻方向にひとはけ

肌なじみのいいローズのチークで、耳のつけ根からにっこり笑ったときに頬骨が高く上がるところに向かって、ブラシをひとはけ。横長のだ円形チークは頬のシェイプ効果も！

POINT
ほんのりチークは
必ず手の甲で
粉をはらってから

ブラシに粉たっぷり含ませる。8割方の粉をおとす気持ちで手の甲ではらって。塗る前に、粉の量を調整すれば、ほんのりつけたいチークも失敗なし。

44

3 脱力系グロス

口元は引き算して、まるでグロス1本で仕上げたようなピュアであどけない印象をアピール。ていねいな下地作りがカギに。

唇の赤みを消してヌーディなベース作り

ベージュリップをブラシにとり、唇の輪郭の内側全体に、中央から曲線で動かしながら、ていねいに塗り込む。ブラシの動きは横描きが鉄則。

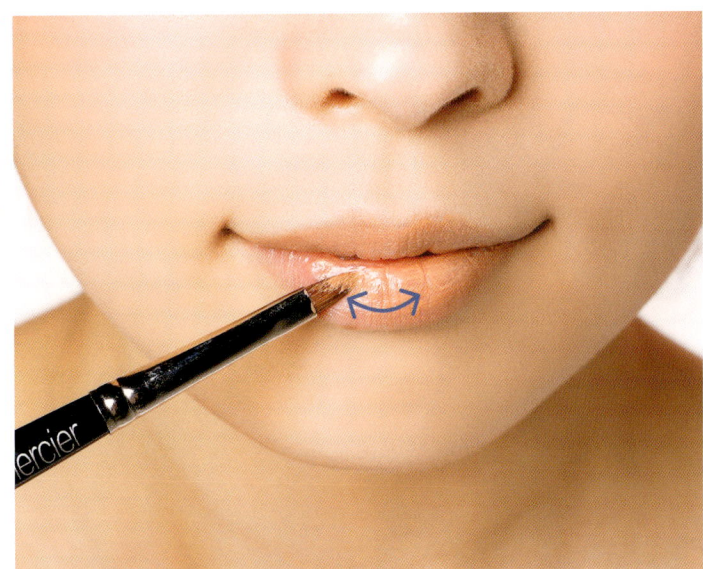

イプサ エッセンス リップスティック H751 3,150円／イプサ 肌色になじみやすく、深みのあるベージュ。高い保湿効果で、唇の水分をアップ。

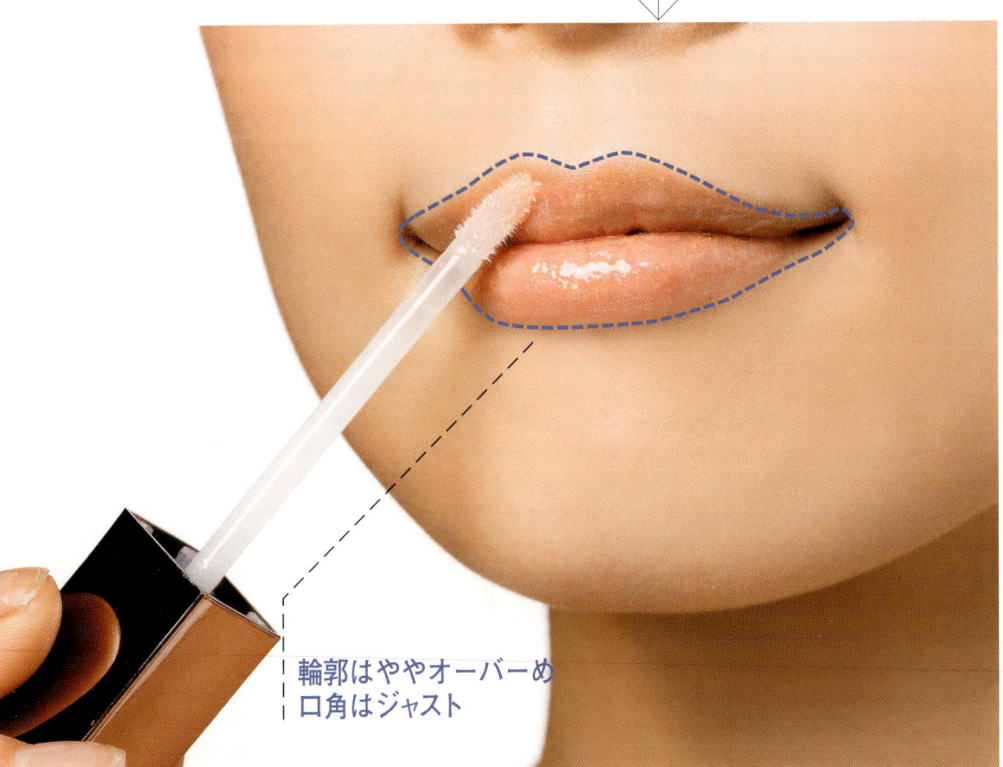

セクシーな輪郭とツヤツヤ感を手に入れる

唇の輪郭より1ミリ外側にだましラインを。透明グロスを少なめにとり、輪郭をオーバーに縁取る。だらしない印象にならないよう、口角だけジャストなラインで。セクシーなぬれ感を強調したいから、全体を重ね塗り。

輪郭はややオーバーめ
口角はジャスト

How to 小悪魔ドールFace Make Up

仕上がりテク

横を意識したハイライトの力で立体感をさらになくしていく

目頭下から耳つけ根まで顔の立体感をなくすハイライトをON

やや黄味のある白のフェイスパウダーがベスト。ブラシにAをとり、目頭下から耳つけ根に向かって、自然にぼかす。ブラシを横に動かして、ここでも横軸を強調。うるみ目にも見える。

ルナソル　コントラスティングハイライト　02 2,625円／カネボウ化粧品　コンパクトケース　1,575円、フェイス用ブラシ　1,050円は別売り。ニュアンス自由自在なハイライトセット。

額も横に流すようにキュートな顔立ちを強調

キュートな顔立ちを引き立てるには、額もぷりっと高くみせたいゾーン。Aのフェイスパウダーを使って、左→右にブラシをすべらせて。

前髪テクでさらに女優顔

前髪はセンターからジグザグにパートをとってカジュアルダウンさせて。顔まわりはストレート、その他はランダムに毛先を逃した平巻きカールのクール×キュートMIXヘア。

Finish

小悪魔ドール
FACE

あどけない表情に
誘うまなざし♡
駆け引き上手な小悪魔バランス

シフォンワンピ（インナー付）
14,700円／MERCURYDUO
ネックレスは私物

読者実例

1

女優メイク、
4つの顔にトライ!

"似合うメイクがわからない"

カルテ
藤井明子さん　グランドホステス
眉は左右バラバラ。
チークは色も位置も毎日、適当です。

A 美人女優FACE
頬骨の角ばりをとってたまご肌に顔立ちに優しさを投入

EYE オレンジブラウンのシャドウをアイホール全体に。黒ペンシルライナーで黒目上を強調して目に丸みを。眉&マスカラは曲線命。

CHEEK ピンク系オレンジで頬骨を中心に丸く。
FINISH 目の脇、顔の横幅をブラウン色で締めて、目の下はハイライトをON。

グレートップス　10,500円／PREMIUM、
イヤリング　3,990円／ヴァンテーヌ

B 正統派モテFACE
シャドウ+グロスのさわやか色コンビでピュアモテ顔にシフト

EYE 黄緑シャドウをまぶた全体に、まつげをビューラーで根元から直角に上げ、ロングマスカラを根元から2度塗り。

CHEEK ピンクチークを頬骨の高いところを中心に丸く。
LIP 透け感のあるピンクグロスでナチュラルに仕上げて。

ネイビーチュニック　5,775円／アブワイザー・リッシェ
ネックレス　3,990円／井筒屋　ピアスは私物

C 都市型美形FACE
大人の魅力を開花させるベーシックなパープル使い

EYE 眉、アイラインともに上昇ラインで。アイシャドウはパープル。下まぶたは目頭から目尻に太めに黒アイライン。

CHEEK 外→内に頬骨目指して。
FINISH 輪郭にシェイディング+顔中央は白ハイライトで立体感を足して、メリハリ顔に!

パープル柄ワンピ　17,850円／GAMBLE FISH 新宿ルミネ店
ネックレス　7,875円／アブワイザー・リッシェ

D 小悪魔ドールFACE
目元濃度をアップしてセクシーアイに変身

EYE 茶系シャドウで目尻に幅を。黒リキッド&黒ペンシルライナーで目尻に「く」の字ラインを入れ、フレームを強調。まつげはボリュームアップ。仕上げにゴールドシャドウを目尻、目頭の下に入れ、輝きを出して。
CHEEK オレンジでだ円形に。
FINISH 目の下のハイライトは特に強めて。

茶キャミ　7,245円、ファーストール　15,750円／
アブワイザー・リッシェ　イヤリング　3,465円／ヴァンテーヌ

自分メイク

Check
Check

高橋さんCheck!

高橋　シャドウの色と目尻アイラインがあってない。チークの位置も低すぎて入れてる意味がない!
藤井　ヒドい(笑)。メイクは大好きだけど、塗り方はあまり考えてなくて。色を変えることで、顔が変わった気分でいたかも。
高橋　気持ちはわかるけど(笑)。でも4つの女優メイクを見てもらえればわかるけど、ベーシックな色の入れ方次第で、骨格や顔の印象を変えてみせることができるんだ。
藤井　そっか。私は目が離れていて、顔タイプはB顔だけど。でも骨格が違う、A顔やC顔も似合ってる!
高橋　そうでしょ。なりたい顔に骨格を近づけるようなメイクをすれば、自分に似合うメイクも簡単です。

大人

男顔 ← C | A → 女顔
　　　　D | B

子供

読者実例

2 女優メイク、4つの顔にトライ！

"やりすぎメイクで老けてしまう"

カルテ
藤澤花恵さん　アパレル勤務
バチバチなアイメイク好き。
でも変眉なので目元が決まらない。

A 美人女優FACE
曲線や明るい色を意識しつつ あくまで控えめに、が正解

EYE ピンクブラウンを二重幅に。まつげはホットビューラーで自然なラウンド状のカールを。
CHEEK ピンクを頬の高い位置に、オレンジを外側に。いずれも薄め。
LIP ベージュ系リップに赤系グロスを重ねて立体感のあるぽってり唇を作る。
FINISH 鼻筋と目の下の三角ゾーンにハイライトをON。

白ワンピース　30,450円／QUEENS COURT
ネックレス　3,465円／ヴァンテーヌ

B 正統派モテFACE
ハイ&ローライトを効果的に 活用してモテ輪郭に矯正

EYE ゴールドシャドウの上にグリーンシャドウを重ね、柔らかく主張する目元を演出。眉頭は弱め&自然になじませる。
CHEEK 頬の高い位置にオレンジピンクを丸くぼかす。
FINISH 鼻上部と目の下のラインにハイライト、あごにシェイディングを入れて縦長顔を解消。

茶柄ワンピ　29,400円／アブワイザー・リッシェ
ネックレス　3,990円／ヴァンテーヌ

C 都市型美形FACE
大人の女性ならではの強さは 黒のリキッドラインで演出

EYE アイホールにグリーンシャドウ。黒のリキッドで目尻を上げ、下のラインとつなげる。下まぶた目尻寄りに入れたゴールドシャドウと目尻のつけまつげでインパクトUP。
CHEEK オレンジ系を頬外側に。
FINISH チークを囲むハイライト、目頭脇のノーズシャドウで陰影をプラス。

グリーンキャミ　8,295円／GAMBLE FISH 新宿ルミネ店

D 小悪魔ドールFACE
吸い込まれるような目元は パープルシャドウがカギ

EYE 二重幅全体にブラウン、目の際にパープルのシャドウを。ペンシルで上下にラインを入れ、目尻は「く」の字につなげる。求心顔は目頭の白シャドウで解決。眉は太めを意識して。
CHEEK オレンジを横&広め。
LIP ベージュリップ＋透明グロスでヌーディに。
FINISH Tゾーンにハイライトを。

黒フリルニット　11,550円／アブワイザー・リッシェ
ネックレス　1,365円／井筒屋

自分メイク

Check
Check

高橋さんCheck!

高橋 目も唇もしっかりラインをとりすぎていて、それが老けてみえる証拠。濃いメイクが好きなの？
藤澤 目を大きくしたい！とか今日はちゃんとメイクしよう！と思うと、この顔になっちゃう（笑）。
高橋 メイクはバランスの美学。強調するところと弱めるポイント、全体のバランスを考えてメイクしないとキレイになれないよ。
藤澤 えっ、そうなんですか？　私、バランスなんて考えたことないかも。鏡をみるときも、目や口、パーツだけチェックして終わり。今回、4つの女優メイクで、C顔の大人の雰囲気も、キュートなB顔も体験できて。自分の変身ぶりに感動しました。
高橋 ありがとう。これからは顔全体、眉も、鏡チェックお願いします（笑）

大人

男顔 ← C | A → 女顔
　　　　D | B

子供

読者実例 3

女優メイク、4つの顔にトライ！

"子供っぽくアカ抜けない"

カルテ
吉川れみさん　会社員
可愛く見られたいから
ピンクのチークを愛用中だけど

A 美人女優FACE
チークやノーズシャドウで平面顔にメリハリを

EYE アイホール全体にピンクを。二重内側とまぶた中央は濃いめに。アイラインは目尻まで。
CHEEK オレンジをななめに入れて、平面顔を立体的な卵型に。
LIP 淡いピングロスを全体に塗り、センターのみ赤グロスをON。
FINISH ノーズシャドウで目元に陰影をつけて。

茶ブラウス　14,700円／アブワイザー・リッシェ
ネックレス　1,680円／井筒屋

B 正統派モテFACE
ふんわりチーク＆ツヤ唇は愛され顔の基本です！

EYE 二重幅よりやや広めにピンクブラウンを入れる。まつげは根元から直角に上げ、マスカラをしっかり。眉は眉頭をやや強めに描いて。
CHEEK 大きめブラシでオレンジチークを広範囲にのせる。
LIP 赤グロスをたっぷりのせて、つやつや＆プリプリの唇に。

ピンクニット　13,650円／アブワイザー・リッシェ
ネックレス　3,990円／ヴァンテーヌ

C 都市型美形FACE
ていねいに作りこんだ目元で知性と気品をアピール

EYE ブラウンシャドウをアイホールより広範囲に入れ、リキッド＆ペンシルでラインをくっきり。目尻には太めのハネを。黒マスカラでボリュームUP。
CHEEK オレンジを耳前に軽く。
FINISH 白ハイライトを、目の下、Tゾーン、あごに多めにのせる。

黒カットソー（コサージュ付）　13,650円／Viaggio Blu
ピアス　3,465円／ヴァンテーヌ

D 小悪魔ドールFACE
クールなシャドウと「く」の字ラインで目力を増幅

EYE リキッドライナーで目尻をハネ上げ、下のラインとつなげた「く」の字ラインで、目の幅を強調。グリーンシャドウのグラデーションでクールに。
CHEEK オレンジチークを頬骨の高い位置に。
LIP ベージュをオーバーめに。
FINISH ハイライトは鼻筋＆頬下にしっかりと。

白ブラウス　15,750円／GAMBLE FISH 新宿ルミネ店
ネックレス　3,465円／ヴァンテーヌ

自分メイク

Check

高橋さんCheck!

吉川　可愛くみられたいし、できればモテときたいし！それでピンクのチークかなと思って。
高橋　今日のエレガントなおしゃれに、ピンクの丸チークはミスマッチじゃない？ピンクを使わなくても、モテるメイクはあると思うよ。例えば、女優メイクの中でB顔、D顔はオレンジチークが主役だけど、自然でモテそうでしょ？
吉川　確かに。色が強くですぎず、でもスパイスになってる！自分じゃないみたい（笑）。
高橋　そう、メイクでなりたい女性を演じられるのが、今回の女優メイク。
吉川　じゃあ4つの顔、どのメイクが一番モテるのか演じてみます！
高橋　シーンにあったメイクを選ぶことも重要だよ！結果が楽しみ（笑）。

大人

男顔 ← C | A → 女顔
　　　　D | B

子供

女優メイク
ブラッシュアップQ&A

女優メイクにさらに磨きをかけるためのクリニック。
「眉の描き方　基本ルール」「肌美人になれるベースメイク講座」
「小道具参戦！ちっちゃな目が最強デカ目に」
以上3テーマをイラスト＆コマ送りプロセスで解説します。

Q 眉の描き方がよくわかりません

A 基本のカタチ＋4つの女優顔になれる眉をご紹介

「私の眉、間違ってない？」そんな言葉をよく耳にします。
間違い眉のままでは、キレイは半減！
骨格や目鼻立ちから計算された「ベストな眉」を見つけましょう。
基本がわかったら、4つの女優顔になれる応用眉にもアレンジ！

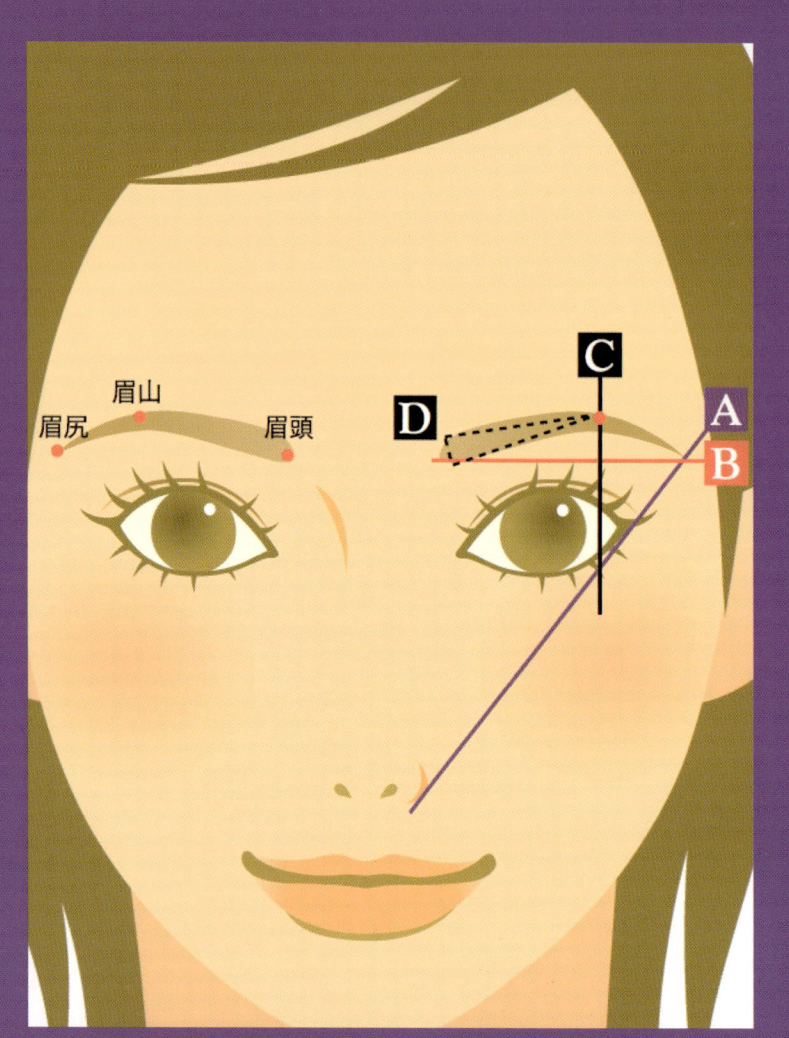

似合う眉をみつける！ガイド

C 黒目外側に眉山を設定
次は「眉山」を見つけます。鏡をまっすぐ見て、黒目外側から目尻までの間で、眉の高いところに点をつけます。ただし、なりたい顔によって、眉山の位置は少し移動していきます。

D 眉幅は眉頭から眉山への二等辺三角形をイメージ
眉が薄い、まばらで正しい眉幅がわからない人は、眉頭から眉山にかけて二等辺三角形を描きます。三角形内にアイブロウペンシルやパウダーアイブロウを使って、毛の隙間を埋めていくと失敗なし。

A 小鼻と目尻を結んだラインの延長線と
B 眉頭と同じ高さにひいた線が交わるポイントが「眉尻」
自分の骨格にあった眉のガイドラインを決めます。A小鼻の延長ラインをのばし、B眉頭と平行な位置と交わる点を「眉尻」に設定。ちなみに目の下、鼻筋との間にできた、縦の三角がハイライトを入れる正しいゾーン。

基本のカタチ 描き方プロセス

Start ／ 全体的にまばらで薄い。左右の眉頭、高さもふぞろいな眉。

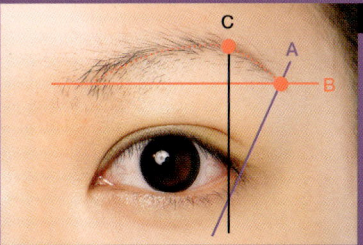

1 ガイドライン
右ページ A B C の解説に従って眉山、眉尻の点をつける。明るいブラウンのアイブロウペンシルで、眉頭→眉山→眉尻まで眉の中心線を1本描く。

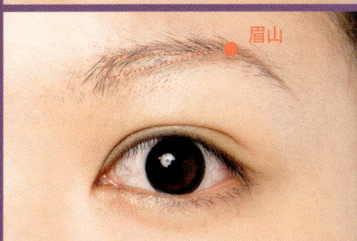

2 眉幅の輪郭を決める
1で決めた眉山（C）に向かってまず、眉頭下と眉山の点を結ぶ。次に、眉頭上と眉山の点を結ぶ。理想の眉幅がイメージできる二等辺三角形が完成。

3 うぶ毛を抜く
1、2で描いた輪郭からはみだすうぶ毛を毛抜きで抜く。長さがある、うぶ毛が多い人ははさみを使って。顔の印象に影響する、眉下を中心に。

4 1本、1本描き足す
アイブロウペンシルで1本ずつ毛並みをつくるように描き足す。眉頭付近は縦に、中間はななめに、眉山からは一筆で。

5 アーチ作り
眉頭から眉尻まで眉下輪郭をスクリューブラシで軽くなぞる。4で描いた毛並みのはみだしも修正、ゆるやかなアーチも簡単。

6 眉毛をカラーリング
4で描いた毛と地眉の黒い毛をなじませる。髪色より明るいアイブロウマスカラを、眉頭に向かって逆毛をたてるように眉毛裏面に、折り返して眉尻に向かって眉毛表面につける。

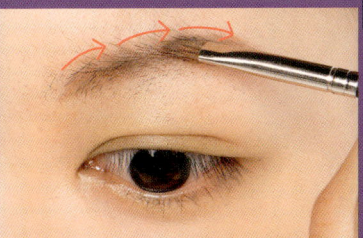

7 自然にみせるテク
さらに眉を柔らかく自然にみせるベールを。アイブロウパウダーをブラシにとり、眉頭から眉尻まで、二等辺三角形から上下はみでるくらいにON。

8 はみだしを修正
眉上下にはみだしたパウダーをスクリューブラシでオフ。輪郭のキレイ度が格段にアップ。

Finish ／ 仕上げ
全く存在感がなかった眉がこの通り！美人眉に生まれ変わる。

4つの女優顔になれる眉の応用眉

丸みのついたアーチ眉に
A顔に。ノーズの延長線上から丸いアーチの中心線を。このラインを中心にパウダーで仕上げ。

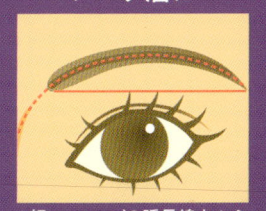

角度のないシャープな眉に
C顔に。眉毛を下から上にコーミング。眉山までの上辺を強く、上昇するラインを描いて。

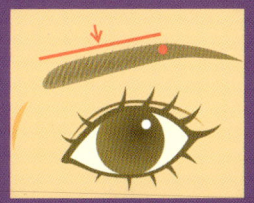

求心顔を離したい
B・D顔に。眉山を目尻上近くに。あくまで存在感は弱く、パウダーで仕上げて。

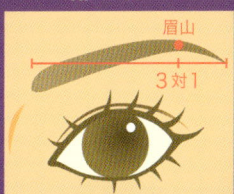

離れた目を寄せたい
A・C顔に。ノーズシャドウにつながる眉頭下を特に強く。眉山まで、まぶた側を重点的に。

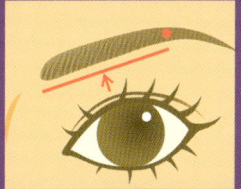

Q ファンデーションの選び方を知りたい

A 自分の肌質と なりたいイメージでセレクト

メイクのキレイ度はベース作りで8割決まる！といっても大げさではありません。
まずは自分の肌タイプと目的にあったファンデーションを探すこと。
それぞれの特徴を理解して、おすすめアイテムをチェックして。

クリームファンデーション
- ●油性　●一番の売りはカバー力！
- ●ニキビや濃いクマが目立つ人
- ●保湿力が高いので乾燥肌向き

色バリエ 5色

噂のクリーム！
ローラ メルシエ ティンティドモイスチャライザー
（SPF20）40ml　ポーセリン、サンド
各5,250円／ローラ メルシエ

クリームタイプの中でも特に軽い仕上がり。保湿効果も高く、小じわが気になる人にもおすすめ。ファンデーションで肌全体を隠すというより、素肌そのものが健康的に、輝きを放っているかのように設計されたもの。老化を促すフリーラジカルから肌を守る効果も。

リキッドファンデーション
- ●水性　●薄づきで自然なツヤ
- ●赤ら顔、肌に色ムラがある人に
- ●水タイプだから使用感が軽い

色バリエ 9色

超人気リキッド！
RMK　リキッドファンデーション
（SPF14 PA++）30ml　101 103
各4,515円／RMK　Division

自然なツヤと透明感のある赤ちゃん肌に近づける、名品ファンデーション。つけていることさえ忘れさせてくれるくらい薄づきなのに、しっかりカバー力もあり。リキッド初心者さんにも手軽に使えて失敗しらず。どんなイメージのメイクにも対応。

パウダリーファンデーション
- ●粉状　●肌に均一につけやすい
- ●光の反射で目立つ毛穴をカバー
- ●"つけたて感"が長時間持続

色バリエ 8色

新処方パウダリー！
レイシャス　グラマラススキンパウダー
（SPF24 PA++）レフィル　各3,360円
コンパクトケース　各1,050円／花王ソフィーナ

パウダリーなのに、仕上がりはみずみずしい。うるんだような素肌の秘密は、モイストジェル成分のおかげ。光を重ねて肌色を作り出すパウダーが、毛穴の悩みも忘れさせる肌に仕上げてくれる。皮脂や汗にくずれにくい処方、またニキビ悩みのある人にも安心。

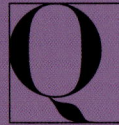

Q ファンデーション前の準備は必要？

A ニキビやクマが 気になる人は先に消去！

赤みニキビや陥没ニキビ、黒ずんだ濃いクマ・・・どちらもファンデーションだけでカバーしようとすると
ついつい厚塗りになってしまいがち。
肌トラブルは最初に、それぞれに効果的なコンシーラーを使って解決しておいて。

ニキビの場合

気になるニキビ、ひとつひとつを消していく。ニキビの上にちょんちょんとのせたら、肌との境目をなじませるようにつけて。

ペンシルタイプのコンシーラーの場合はニキビに直接触れると肌によくないから、細いブラシにとってからスタート。練りが固いタイプのほうが、カバーしやすい。

クマの場合

向かって右側がコンシーラー完成の状態。目の印象が全然違う！これならファンデーションは薄く塗っても大丈夫！

目頭のくぼみから下まぶたのクマが目立つ部分に、肌より一段明るい色のコンシーラーを少量のせる。中指の腹で少しずつ押し込んでいくように。色の強いクマの場合は濃い色を選んで。

Q パウダリーで簡単、自然に仕上げるコツを教えて

A 明・暗2色使いがおすすめです

しっかりファンデーションをのせればのせる程、顔は凹凸のない平面な状態に。額や鼻筋、くぼむと老ける目の下は明るい色で、フェイスラインや眉のくぼみは暗めの色でおさめる。2色使いなら、立体感のある肌づくりもカンタン！

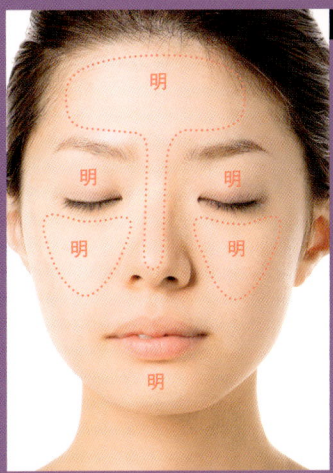

1 高くみせたいところは明るい色

明るいファンデーションをのせる位置は、Tゾーン、両頬、アゴ。まぶたも高く明るくみせたいところ。明暗ファンデーションは1～2段、明るさの差をつけて。

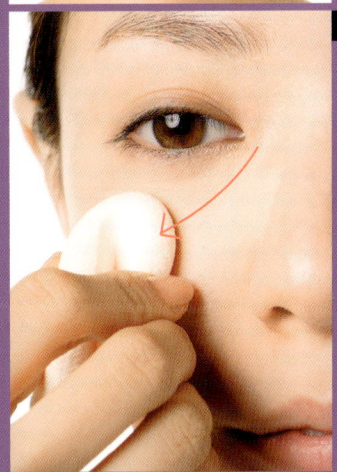

2 スポンジは三角にたたんで

たたんでできた角を使って、パウダーをとる。まずは肌をキレイにみせる重要ゾーンの目の下頬から。鼻を中心に顔の輪郭に向かって、放射状にのせる。

3 スポンジのへりを使ってはくように

へりを上手に使って、はくように塗るのがナチュラル肌に仕上がるコツ。Tゾーン、あごも同様に下まぶたや口のまわりを厚塗りするとシワができやすいので注意して。

4 締めてみせたいところは暗い色

こめかみ、耳つけ根、エラ、目頭のくぼみと鼻脇に、暗い色のファンデーションをのせていく。顔の輪郭は、なるべく薄く塗って自然な立体感をつけて。

Finish 肌にファンデーションを密着させる

明暗ファンデーションの境界線や髪はえぎわを、スポンジのキレイな面をつかって内→外へぼかす。仕上げに顔全体を小刻みにパッティングしてなじませる。

ローラ メルシエ フローレスフィックスペンシル ベージュ 2,730円／ローラ メルシエ 口元用のコンシーラーペンシル。まぶたのフレームライン、小鼻脇にも使える。固めのテクスチャー。

ローラ メルシエ シークレットカモフラージュ SC-3 4,200円／ローラ メルシエ 過酷な状況でもくずれない、しかも自然な仕上がりのコンシーラー。クマ、シミを完全にカモフラージュ。

Q 目がすっごく小さいんです。大きな目になりたい！

A 最強大きな目を作る 劇的アイメイク 全プロセス

大きくて存在感のある目元は、美しくなりたい女性の永遠のテーマ。
4つの女優メイクではご紹介できなかった
「大きく見せること」にこだわりぬいた、高橋さんの㊙テクニックをお披露目。
1.5倍は確実に大きくなれる最強テク、お試しあれ。

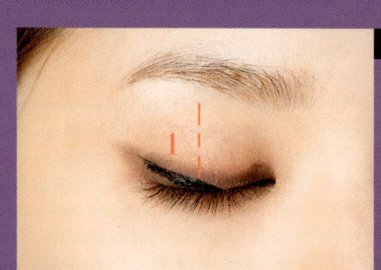

Start
キレイな目だけど全体的に小粒でインパクトはなし。

1 目のキワを強める
濃いブラウンシャドウを目頭→目尻まで、二重の幅に入れる。目尻の上は少し長めに描いて目幅をアップ。

2 まぶたを明るく
薄いブラウンシャドウをアイホール全体にぼかしこむ。目尻はやや幅広にこめかみ方向にのばして、さらにワイド化を狙う。

3 ラインの下地づくり
眉を軽く上にひっぱりながら、グレーシャドウをON。目頭側のアイホールのくぼみに、三角形になるよう上にぼかす。

4 ラインの下地、完成
3と同じグレーシャドウを目頭から目尻長めに、キワを強めるシャドウが完成。目の輪郭がネコ目に変化！

5 上アイライン
黒リキッドライナーを使って、上まぶた中央から目尻はハネあがるように1のラインを入れる。グレーシャドウに重ねるのがポイント。

6 ライン完成
目を開けると。グレーシャドウとの相乗効果で自然な影がついた上がり目に。素の目とは、フレームラインの違いが歴然。

7 目の上はくりっと
黒目上はまつげの生えぎわを塗りつぶすように2のフレームを縁取る。ライナーは前後に小刻みに動かして。

8 美人な切れ込み
目頭ぎりぎり黒目上まで3のラインを入れる。眉頭を軽く上にひっぱると簡単！目頭→目尻まで再度ラインを重ねてくっきりと。

9 上ラインの仕上げ
上アイラインの終点・目尻のくぼみの肌色部分を黒ペンシルで埋める。グレーの影が目に奥行きをプラス。

10 ラインの修正
綿棒ではみでたラインを整える。目尻から上のリキッドアイラインに近づける気持ちでスーッと転がすように。

11 下のフレームくっきり
黒ペンシルライナーで下まつげキワを縁取る。目頭から3分の1は粘膜に、黒目下から目尻まではまつげキワ外側がポイント。

12 ライン柔らげテク
再び、ブラウンシャドウをブラシにとり、眉下まで広くのせる。アイラインに重ねることで、黒色が柔らぎ品格のラインに。

13 つけまつげ準備
ビューラーでまつげ根元を軽くはさみ、目元を立ちあげ直角にあげる。毛先までのカールは不要。

14 小道具でデカ目
目線は下向きに。まつげにあわせるように差し込む。毛抜きで根元をはさんでまつげと一体化させる。

15 まつげと密着
根元に
まつげとつけまつげをくっつける。ホットビューラーで根元を数秒あたため、上に向かってとかしあげる。2、3回繰り返す。

16 つけまつげ完成
目頭は5ミリくらいはずし、目尻ははみ出すようにつけるのがポイント。目尻に自然な影ができて、大きさもインパクトも一気にUP。

17 目ぱっちり効果
1本1本キレイにつく、黒マスカラがおすすめ。ブラシを容器の口でよくしごいてから、上まつげ全体になじませる。下まつげは縦づけに。

18 デカ目シャドウ
目頭をはずしてヌケ感をつくり、目尻はやや上向きにパープルシャドウを細く入れる。目の縦幅がでて、深みもでる。

19 白目がクリアに
黒目下から目尻まで11のライン内側に白系ペンシルでラインを。白目がより大きく見える効果が。真っ白だと肌浮きするのでホワイトゴールドがおすすめ。

20 セレブな彫り深
ブラウンパウダーを目頭から眉中間まで入れ、目頭から鼻筋までノーズシャドウをON。ふわっと色をのせる程度に。

21 美人スポットライト
マットな白パウダーで目の下頬にハイライトをON。くすみやメイクの粉飛びをはらって、目元の美しさがさらに際立つ！

22 ニュアンス仕上げ
ゴールドシャドウで眉山下のもりあがったところに、ポンと色を置く。眉に自然にアーチをつけ、目元をいい女ムードに変化。

Finish
色を薄く、ていねいに重ねていくことで、大きな目に大変身。

第3章 女優メイク人生相談

こんな時、どんなメイクでHAPPYになる？

メイクの力は偉大です。なぜなら、第一印象の良し悪しや、いろんなシチュエーションで、その人の印象を左右するものだから。もっともっと幸運を引き寄せる、シーン別の女優メイクを披露します。

相談 ①

厳しい彼ママと初対面 好印象をもってもらいたい！

品がよくて、可愛く見えるメイクを教えて下さい！

高橋さんAnswer
濃いメイクに見せない目元の色使いと引き算メイクが正解

目上の女性にはキチンと感があって、やわらかく見せるメイクがぴったり。美人女優FACE（P18～）のテクニックを応用して作ります。
EYE オレンジブラウンのシャドウを黒目の上が一番濃くなるようにぼかす。アイラインはペンシルで黒目の上だけに引く。目頭のキワにゴールドシャドウをのせ、ほんのり明るく華やかに。
CHEEK 顔色が明るく見えるピンクチークを丸く入れる。
FINISH Tゾーンにはハイライトを。

ワンピース 18,900円、ネックレス すべて5,145円／ともにアプワイザー・リッシェ

唇はグロスを丁寧に塗り、品のよさをアピール

目の中央（黒目上）が一番濃くなるアイメイクを

60

Profile
豊田エリー（とよた・えりー）
フジテレビ「めざましテレビMOTTOいまドキ！」や、
テレビ東京「クリップ！クラップ！！」にレギュラー出演中。
映画では、東宝「銀色のシーズン」(2008年1月公開予定) や、
GAGA「ぼくたちと駐在さんの700日戦争」(2008年4月公開予定)
に出演。愛くるしい瞳が魅力的な注目の女性。

相談 ②

プレゼンや営業にふさわしい仕事のデキる女に見せたい
知的でカッコよくて、後輩からも慕われるメイクは?

高橋さんAnswer
都市型美形顔でキリっと引き締まった表情を演出

オフィス向けの都市型美形メイクを。色で魅せるメイクというよりは、目や眉のラインをキレイに強調します。
EYEBROW 直線的になるように描き、眉山の角をしっかりと出す。
EYE 黒のアイライナーで上下まつ毛のキワを埋めて、切れ長な目元に。
FINISH 鼻筋とこめかみからアゴにかけての輪郭に、ライトブラウンのシャドウでシェイディング。

オレンジ系チークでシェイディングをぼかしてなじませる

シャドウはパープルやグレーの寒色系がデキる女に見せる

ワンピース/私物 ピアス2,940円、ネックレス 2,100円/ともに井筒屋

Profile
原 史奈(はら・ふみな)
テレビドラマや映画に加え、舞台もこなす演技派女優。
今年3月にスポーツジャーナリストの
中西哲生氏と入籍。
自身の料理の腕前や趣味のゴルフなどについて綴った
ブログ「fumina's living」が人気。
http://www.studio-fumina.com

ワンピース／私物　ネックレス
2,415円／井筒屋

相談 ③
今日こそ彼に結婚を決意させたい
付き合って3年、早く彼から
プロポーズを引き出したい。

ピンク系チークを、
頬骨中心に丸く入れる
正統派モテ顔チークを

赤みのあるグロスを
唇の中央にだけ塗り
ナチュラル仕上げに

高橋さんAnswer
優しい大人の女性の雰囲気に、さわやかなかわいらしさをプラス

美人女優顔と正統派モテ顔を組み合わせて、優しくてキレイな奥さんを連想させるメイクにします。
EYEBROW 足りない部分にパウダーで色をのせる程度に。毛が多い人はよくとかしてソフトな印象にして。
EYE オレンジピンクのシャドウをチップにとり、黒目上からアイホールに向かってぼかす。アイラインは黒目上下のまつ毛のキワに描き、左右に自然にぼかして。

相談 4
法事やお葬式にどんなメイクがふさわしい？

ファンデーションを塗る以外、どうメイクしていいかわかりません。

高橋さんAnswer
ラメやパールは避けて、シックなブラウンメイクを

全体をブラウン～オレンジトーンで統一し、色味を感じさせないメイクをするのがポイント。
EYE ほんのりゴールドが効いたブラウンのシャドウ単色でグラデーションを。まつ毛はボリュームを抑え、カール力のあるマスカラを一度塗り。
CHEEK オレンジのチークで耳の付け根から頬骨をつつむ感じに横長に入れる。発色のいいタイプは控えて。

ゴールドの入っていないシャドウだと、疲れて見えるから注意

相談 5
お気に入りの男性と初デート。可愛く気に入られたい！

いつもより3倍可愛く見せて、彼ともっと仲良くなりたい！

高橋さんAnswer
大人に似合う甘めフェイスでドキっとさせて

セクシーに見えるアイメイクと、可愛さを強調した頬や口元のアンバランスさが、男性を虜にします。
EYE パープルや濃いブルーのシャドウでグラデーションをつけ、目尻をハネさせたアイラインを入れる。最後に目尻にだけつけまつ毛をつけて。
CHEEK ベージュピンクのチークを頬骨を中心に楕円形に入れる。

下まぶたのキワに明るいパープルをライン状に入れて

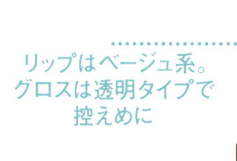

リップはベージュ系。グロスは透明タイプで控えめに

パール感のあるグロスを全体に塗ってぷるるん唇

チュニックワンピース 14,490
円／FLASK（ジゼルバーカー）
ピアス 2,520円、ネックレス
2,100円／ともに井筒屋

Profile
藤井 悠（ふじい・ゆう）
雑誌「Fine」でモデルデビュー
の後、「CamCan」の
専属モデルを経て
現在は、「ar」や「Sweet」などの
女性誌で活躍中。他、ラジオや
テレビに出演する等多才な一面
愛くるしいルックスと
抜群のセンスでOLからの
絶大な支持を誇る。

Nicole Kidman
ニコール・キッドマン

SPECIAL COLUMN

海外セレブの女優メイクをCHECK!!

海外セレブだってもちろん、いくつもの自分を演出しています。今をときめくセレブたちの、最新映画の役柄メイクとプライベートメイクを研究!!
Photo：Getty Images/AFLO

白肌にうっとり 目元、口元のトーンを抑えて、透明感と品格たっぷりの仕上がり

柔らかく穏やかな女性オーラで完璧なA顔美人女優FACEのニコール。スクリーンでは、よく"陶器のよう"と例えられる、白くて透明感のある美肌を際立たせるヌード・メイクで、ハッと息を呑む美しさ。目元は、色のトーンを抑えて、丸みをもたせたラインで優しげ。口元も輪郭に丸みを持たせながら、落ち着いた色みで品格を感じさせる。

On Screen

映画『インベージョン』ニコールが、ウイルスから息子を守ろうと戦う母親を演じるSFサスペンス。10月20日全国公開。
©2007 WARNER BROS. ENTERTAINMENT INC. - US.,CANADA,BAHAMAS&BERMUDA.
©2007 VILLAGE ROADSHOW FILMS (BVI) LIMITED - ALL OTHER TERRITORIES.

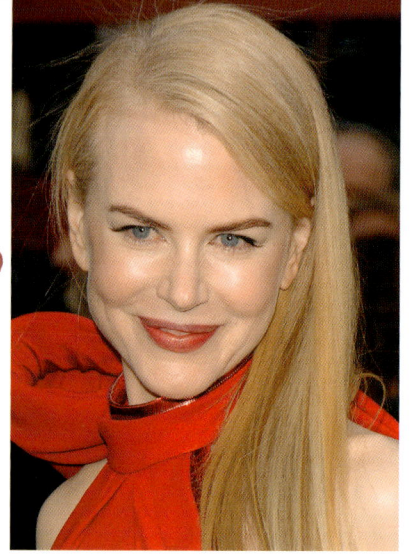

上昇眉毛に切れ長アイ、真っ赤なリップで華やぎ感パワーアップのザ・女優メイク

レッドカーペットでは、顔立ちがキリリとする直線的な上昇眉毛に、インパクトのある切れ長アイ、赤リップの大人セクシーな唇で登場のニコール。もともとの品のよさや女性らしい柔らかさはそのままに、華やぎ感がパワーアップ！ この日の赤いイブニングドレスに負けない上質なオーラを発散し、女優の心意気たっぷり。

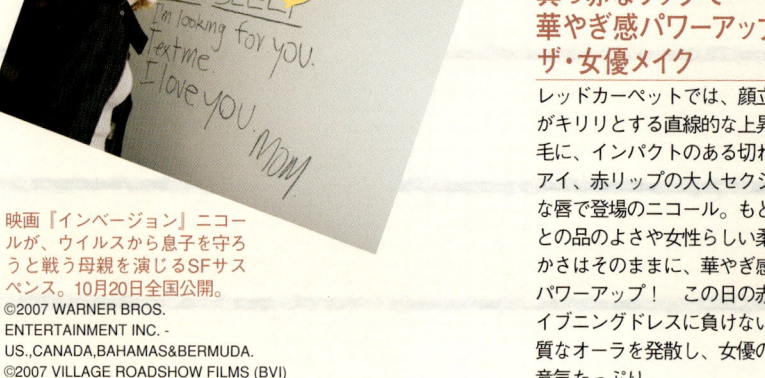

さわやかな目元と ピンクリップが かわいさと好感度 を倍増させる!

少女のような顔立ちに、そばかすがチャームポイントとなり、イノセント&キュートなリンジー。素顔は、まさにB顔正統派モテFACE! スクリーンでは、その素顔の魅力を活かしたすっぴん風メイクで好感度倍増。ポイントは、さわやかな目元と、ベイビーキュートなピンクリップ。ナチュラルだけど、地味にならない存在感を発揮。

On Screen

映画『チャプター27』1980年、ジョン・レノンを射殺したマーク・デイヴィッド・チャップマンの行動と心理に迫る衝撃の人間ドラマ。リンジーが演じるのは、犯人と出会う、ジョン・レノンファンの少女。12月、全国にて公開予定。

Lindsay Lohan
リンジー・ローハン

目元しっかり目力命! 口元はヌーディに仕上げ ナチュラルセクシーに

レッドカーペットでは、目元しっかり目力命のD顔小悪魔ドールFACEメイクがお約束のリンジー。アイラインは長く強めに引いて、しっかり上に向いたまつげでセクシー&コケティッシュな目元を演出。その分、口元はピンク系のグロスで柔らかい印象に。これで女性にも嫌みにならないナチュラルなセクシーメイクが完成!

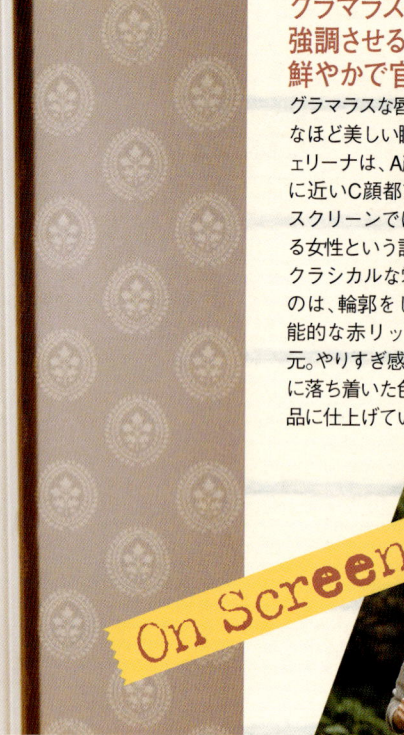

グラマラスな唇を強調させる鮮やかで官能的な赤リップ

グラマラスな唇、吸い込まれそうなほど美しい瞳が特徴のアンジェリーナは、A顔美人女優FACEに近いC顔都市型美形FACE。スクリーンでは、60年代に生きる女性という設定上、マットでクラシカルな雰囲気。目を引くのは、輪郭をしっかりとり、官能的な赤リップをオンした口元。やりすぎ感がないのは、目元に落ち着いた色味をのせて、上品に仕上げているから。

On Screen

Angelina Jolie
アンジェリーナ・ジョリー

映画『グッド・シェパード』1960年代、CIA誕生直前。諜報部員として生きた男の苦悩と選択を描くドラマ。アンジェリーナが演じるのは、主人公の妻。家族を犠牲にする夫への複雑な思いを熱演。10月20日公開。
©2007 UNIVERSAL STUDIOS

シャープな眉と切れ長アイが、神秘的でセクシーな目元を演出

レッドカーペットでは、より女度を上昇させるセクシーな切れ長アイに視線集中！ シャープな眉に、目元はアイライナーとシャドウの2色を重ねて、陰影のある神秘的な目元を演出。頬はシアーな発色のピンク、唇もラブリーなピンクで甘めテイスト。目元以外は、色を乗せながらも、あっさりナチュラルに仕上げるのが、いつもの彼女流。

るスカーレット、眉は# Scarlett Johansson

スカーレット・ヨハンソン

**色味を感じさせない
ナチュラルメイクで、
スイートな魅力を強調!**

ふっくらセクシーで形がいい唇に大きな瞳が魅力的なスカーレットは、強めキュートなD顔小悪魔ドールFACE。少女のスイートさ、大人の女性のクールさという、真逆の顔を見事に演じ分ける。普通の女の子を演じるときは、色味を使わないナチュラルメイクで、彼女のスウィートさを強調。小道具のメガネは、知的さのアクセントに。

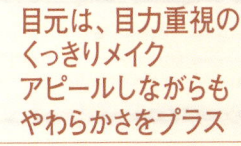

On Screen

映画『タロットカード殺人事件』ウディ・アレン監督とスカーレット、2度目のコンビ作となるコミカルで小粋なコメディ。ロンドンを舞台に、切り裂きジャックの再来と言われる連続殺人鬼に、ジャーナリスト志望の女学生が挑む! 10月27日公開。

**目元は、目力重視の
くっきりメイク
アピールしながらも
やわらかさをプラス**

レッドカーペットでは、いつも目元はっきりメイクで目力を発揮しているスカーレット。眉はキリリと太め。アイラインも強調し、芯の強さを感じさせる目元を実現。そのほかは、適度なツヤがあるセミマットな肌に、口元はふっくら感を強調するツヤ系リップを選択。アピールしながらも全体的に抑え気味にして、柔らかさをプラス。

こう見せたい！

キレイ
な女性

女らしい柔らかさも兼ね備えた女性。
きちんと見せたい時にもぴったり。

シェイディング風チークで優しいキレイなお姉さん

肌なじみのいいオレンジベージュのチークを使い、顔に柔らかな影を。方法は、こめかみの下から頬骨の一番高い位置に向かって、筆でチークを入れる。その筆を鼻筋に向かってVの字になるようにさっとひとはけ。この入れ方で、顔にさりげない陰影がついて大人っぽいキレイさを生み出します！

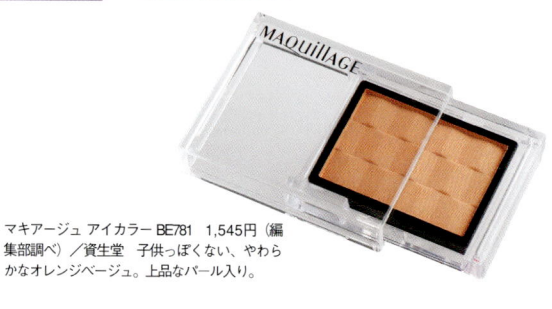

Vの字に描くのがコツ

マキアージュ アイカラー BE781 1,545円（編集部調べ）／資生堂 子供っぽくない、やわらかなオレンジベージュ。上品なパール入り。

品のよさをプラスする黒目強調ゴールドテク

ブラウンシャドウをアイホール全体に塗った後、ラメの入ったゴールドシャドウを中指にとり、黒目上のまぶたにのせる。その指を左右に動かしながらぼかすだけ。優しげな丸みのある目元が完成します！

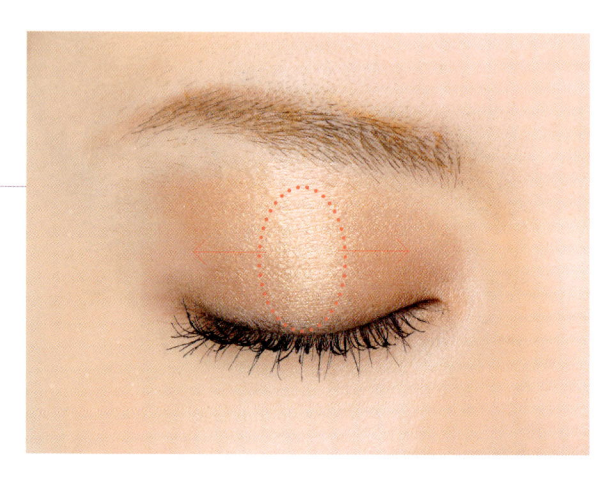

テスティモ カラーアイズN YL-14 1,050円／カネボウ化粧品 細かいゴールドパールがIN。まぶたのくすみもカバーしてくれる。

たい！メイクアイデア集

こう見せたい！
ナチュラルな雰囲気

キレイな肌だねって褒められる、明るい目元メイク。覚えておくと便利！

アイホールに肌色シャドウをセレクト

まぶたに自然なツヤ感だけをプラスする、肌なじみのいいパール入りのベージュシャドウを使って。つける時は、筆でアイホール全体にまんべんなく色づけるのがポイント。すっぴん風だけどなぜかおしゃれ感が漂う、絶妙の仕上がり。

右）イプサ フェイスカラー E711 2,100円／イプサ 左）RMK ベージィ ミックスアイズ 04 3,150円（限定品）／RMK Division 透明感のあるベージュゴールドは1つあると便利。

アイラインはペンシルでON

ナチュラルに見せたい時はアイラインはリキッドよりも、ぼかしやすいペンシルがベスト。そして、色は優しく見えるブラウンやチャコールグレーをセレクトして。まつ毛のキワだけにラインを入れれば、アイラインだけのアイメイクでも浮かずに自然。下まぶたに引く場合は、目尻のみにしておいて。

右）ケイト マイ カラー ペンシル（上）SV-2、（下）BU-5 各472円、ホルダー105円／カネボウ化粧品 自然な影を作るグレー。 左）ボビイ ブラウン クリーミーアイペンシル 07 3,150円／ボビイ ブラウン 描きやすいやわらかな芯が魅力。

アクセントにカラーマスカラを利用

カジュアルな印象の、ほんのり色づくカラーマスカラ。これだけで目元に色味をプラスすれば、大人っぽい自然な目元に。塗り方のコツは、ブラシをななめ上に引き上げながらまつ毛をとかすようにつけること。これで、ぼってりつかずに色がキレイに。

アナ スイ スーパーマスカラ ウォータープルーフ 200 3,360円／アナ スイ コスメティックス シックなパープル。

どんな自分に見せたいかによって、メイクの方法や適したアイテムは違うもの。そこで、いつものメイクにひと手間加えるだけで、なりたいイメージを叶えるワンポイントアイデアをご紹介。オフィスやデート、友人と会う……などなど、様々なシーンで活躍間違いなし！

第4章 こう見せ

こう見せたい！
上品な女性

オフィスシーンに似合う、知的で品のある雰囲気にしたい時に。

眉はゆるアーチで柔らかい印象に！

上品さを左右する一番のポイントは左右対称的なアーチ眉。始めに、眉頭から眉山までをやや太めを意識して描き、眉山から眉尻は細めに描くこと。色はライトブラウンや明るめのチャコールグレーがベスト。髪の色に合わせて選んで。

太め眉の人はコレ！

眉が左右非対称の人はコレ！

右）マックス ファクター アイブロウ ペンシル BR-2 1,575円／マックス ファクター　左）セザンヌ パウダーアイブロウR ソフトブラウン 472円／セザンヌ化粧品

ツヤ重視のヌーディリップを下地に

上品な口元を演出するには、唇本来の赤みを消してからリップを塗ること。ベージュのリップかグロスを唇中央に置き、左右にのばしながら塗る。このとき、輪郭より内側に塗るように意識。この場合ベージュはラメやパール感の入ってないツヤ感のあるヌーディなタイプを選んで。

右下）マキアージュ ネオクライマックスリップ BE352 2,625円（編集部調べ）／資生堂　左下）RMK ベージィミックスグロス 05 2,940円／RMK Division　左）ボビィブラウン シマーリップ グロス 02 2,940円／ボビィブラウン

寒色アイライナーで知的ニュアンス

ほんのり華やさを加えた上品目元に見せるテクがコレ。寒色のアイライナーで、上まつ毛のキワに極細のラインを引く。コツは鏡を下に置き、下を向きながら描くこと。目頭から目のフレームに沿って少しずつ描き始めて、目尻部分だけはハネ上げるように浮かす。太く描くと上品さを損なうから気をつけて。

アナスイ アイライナーペンシル 100 2,100円／アナ スイ コスメティックス 細ラインにぴったりなターコイズブルー。

こう見せたい！
カワイイ
女のコ

ほんわか癒し系オーラのある可愛らしい雰囲気にするには、目元メイクがカギ。

ブルーグラデの目元×うるツヤグロスのコンビ！

ブルーはまぶたを薄く見せ、透明感を引き立てる色。このブルーの濃淡で目元にグラデーションを作り、さわやかな可愛さを演出。濃いブルーのシャドウをライン代わりに使い、アイホールには淡いブルーをのせる。目を際立たせるために、口元はツヤのあるクリアタイプのグロスを。

右）ランコム ジューシーチューブ95 2,625円（限定パッケージ）／ランコム ほんのりラメのクリアグロス。中央）メイベリン カラーウェア 51 483円／メイベリン 締め色にぴったりの鮮やかなブルー。左）シュウ ウエムラ プレスト アイシャドーN P600 2,415円／シュウ ウエムラ まぶたを明るく見せるパール入り。

アイホールにはコレ！

アイラインにはコレ！

ぱっちりまつ毛で目元アピール

メイベリン インテンス ダブルXL ウォータープルーフ 101 1,575円／メイベリン ニューヨーク ボリューム力抜群の人気商品。

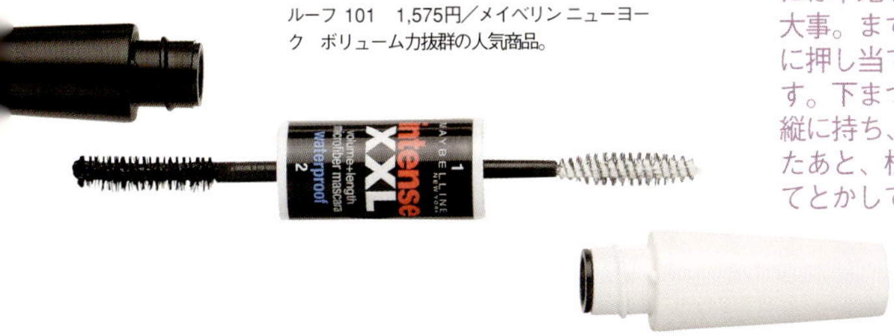

ふさふさのまつ毛は目が大きく見えて可愛さも倍増。そのためには下地を丁寧につけることが大事。まず、下地をまつ毛根元に押し当て、上に向かってとかす。下まつ毛の場合はブラシを縦に持ち、左右に動かしてつけたあと、根元から毛先に向かってとかして。

下まつ毛にはブラシを縦に

指でまぶたを引き上げる

リップ＋グロスのコンビでふっくら唇

濡れたようなツヤ感があって、グラマラスなボリュームのある唇はセクシーさの象徴。マットなベージュのリップを全体に1度塗った後、透明のグロスを全体に。唇のふくらみを強調するために、グロスはラメやパールの入っていないクリアなタイプを選んで。

右）オーブ ルージュ アクアドレス BE521 3,150円 ピュアベージュ。
左）オーブ グロスフルーティナ 11 2,100円／ともに花王 重ね使いにぴったりのクリア。

涙袋にゴールドをひとはけ

下まぶたにゴールドのアイペンシルでラインを引くと、ウルウルとした瞳に。光の効果で、下まぶたの涙袋もぷっくり見えるから、セクシーに。目頭から描き始め、目尻まで色味が均一にのるように意識しながら描いて。ゴールドのシャドウを使う場合は、筆やチップを使って。

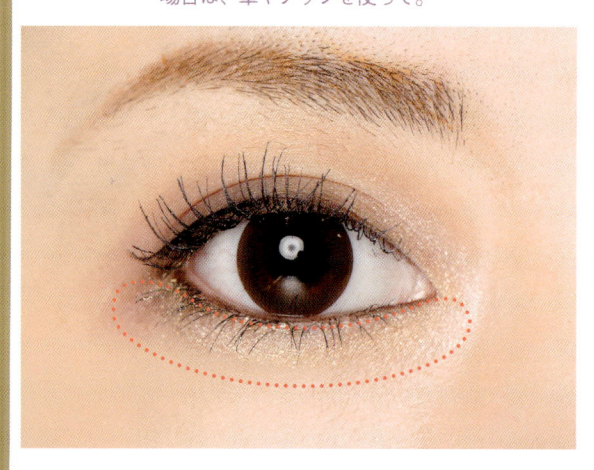

マックス ファクター アイライナー ペンシル BE-1 1,575円／マックス ファクター キワにも描きやすいやわらか芯。

こう見せたい！
セクシーな女性

夜のおでかけやちょっぴり華やかに見せたい時にこのアイデアをプラスしてみて。

目頭白シャドウで可愛めセクシー

目頭のキワに白いラメのシャドウを入れると、ハイライト効果で目が離れて見え、可愛い色気が生まれる。この白シャドウと相性がいいのはパープルのアイメイク。パレットタイプを持っていると便利！

目を開けるとこう！

コレを使います！

ケイト グラディカルアイズS PU-1 1,470円／カネボウ化粧品 使い勝手のいい5色セット。

74

こう見せたい！
優しい
雰囲気

イメージは優しいオーラのある柔らかな女性。眉や目元に明るい色を使うのがコツ。

ピンクの アイライナーで 温かみをプラス

暖色のアイライナーで目をソフトな印象に。ペンシルアイライナーでまつ毛のキワに極細ラインを引き、目尻から5mmほどはみ出させる。この時、少しハネ上げさせるのがポイント。カラーアイライナーに抵抗のある人は、目尻だけ描いてもOK。

目尻から はみ出す！

アナ スイ アイライナー ペンシル 301 2,100円／アナ スイ コスメティックス にじみにくくなめらかな描き心地。

眉マスカラで トーンアップ

優しく見せるには、眉の色を明るくするのがポイント。眉毛が多い&濃い人は赤みのない明るめブラウンを。少ない&薄い人は温かみを加える赤みのあるブラウンをセレクトして。均一に明るく色づける方法は、眉尻から逆毛を立てるように一度塗りした後、眉頭からなでつけるよう再び全体に塗って。

眉毛が 多い人は コレ！

眉毛が 少ない人は コレ！

右）シュウ ウエムラ アイブローマニキュア 04 3,150円／シュウウエムラ 毛を多く見せるダークブラウン 左）化粧惑星 カラーオンアイブロウ BR3 945円（編集部調べ）／資生堂 軽やかに見せるキャメルブラウン。

コレを使います！

イプサ スキンビューティ スパークリングパウダー 4,200円／イプサ ツヤ・パール・プラチナの3つの質感がセットになったハイライトパウダー。

こう見せたい！
明るい
イメージ

笑顔の似合う、明るい人気者がイメージ。お疲れ顔を解消する効果もあるアイデア。

目の下ハイライトで顔色向上

白パールのハイライトパウダーを下まぶたに。目頭のキワにブラシを置き、目尻に向かってすっと伸ばす。はじめに、目頭から色をのせることで目の輝きや目力がUP。くすみやクマも目立たなくします。

グリーンシャドウでなじみ目元に

まぶたを明るく見せるグリーンシャドウで、自然な陰影づけ。まずは、細い筆でアイラインのようにまつ毛のキワにシャドウをのせる。次に、アイホールに向かってなじませる。明るさを引き立てるため、グリーン1色でグラデーションを作って。

オレンジ×ピンクチークで健康肌に見せる！

可愛さアピールのピンクチークと引き締め力のあるオレンジチークを両方使い、ナチュラルな明るい顔色に仕上げる。はじめにオレンジを耳の横から頬骨に向かって横長につけ、その上からピンクをON。ピンクは頬骨の高い位置だけに丸く入れて。

メイベリン カラーウェア36 483円／メイベリン ニューヨーク 透明感が引き立つ、細かなパール配合。

右）ボビィ ブラウン ブラッシュ6 3,675円／ボビィ ブラウン 健康的な素肌に見せるピンク。 左）ルナソル コントラスティングチークス03 2,565円／カネボウ化粧品

こう見せたい！
お嬢様な
イメージ

育ちのよさそうなほんわかした
可愛らしい女性がイメージ。

ピンクトーンでまとめて愛され顔

肌なじみのいいピンクベージュシャドウを使って、目を丸く愛らしく見せるのがポイント。二重の幅に入れたシャドウをアイホールに向かってなじませてから、黒のアイラインを目のキワに入れて引き締める。チークやリップも同系色を使って品のよさをアピール。

シュウ ウエムラ プレストアイシャドーN P110 2,415円／シュウ ウエムラ　ほんのり上品なパールがN。

目を開けるとこう！

こう見せたい！
大人の色気
がある女性

小悪魔を演じたい気分には、
フェロモンUP間違いなしのテクを！

ハネ上げラインでまつ毛増量作戦！

大人の女性に似合う色気をプラスするなら、アイメイクに力を入れてみて。リキッドアイライナーで、目頭からまつ毛のキワを埋めるように細くラインを引く。黒目横まで引いたら、目尻から5mmはみ出すまで、眉尻方向にラインを描く。そのすぐ横に、同じようなハネ上げラインを描いて。目を開けた時に、つけまつ毛をつけているような見え方がベスト！

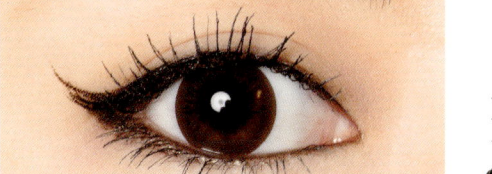

ランコム　ライナーデザイン 01　3,150円／ランコム　細いラインも自在に引ける。ウォーターレジスタント処方でにじみにくい。

流行ヘア図鑑

4タイプの女優顔には、それぞれのメイクを最大限に生かす、お似合いヘアがあります。女優メイクをよりステキに魅力的に演出する8つのヘアスタイルを発表します。

A 美人女優FACE

重めシルエットのフェミニン巻き髪

中間〜毛先にゆるやかなボディーパーマをかけ、大きなカールをつけた巻き髪。厚めに下ろした前髪と量感が、女らしさを底上げ。

トップス 25,200円／C.C.CROSS（アイランドユニヴァース）ネックレス 2,100円／井筒屋
●モデル／林真唯

丸いフォルムのストレートボブ

美人女優顔の特徴の、キレイな素肌メイクを生かすヘア。前髪はおでこを出して左右に流し、毛先を内巻きにブローしてエレガントに。

白アンサンブル 16,800円／アブワイザー・リッシェ ピアス 2,520円、ネックレス 1,995円／ともに井筒屋 ●モデル／村田紗紀

B 正統派モテFACE

長めレイヤーの前下がりボブ

ハツラツとした表情の似合う、軽やかな動きのあるヘア。前髪を含めた全体の毛先を軽くそぎ、ナチュラルなハネ感を作ります。

カットソー 9,975円／C.C.CROSS（アイランドユニヴァース）ネックレス 2,100円／井筒屋
●モデル／近本あゆみ

束感を強調したカジュアルヘア

下ろした前髪と、軽さを強調するブラウンのカラーリングでさわやかな可愛らしさを演出。ワックスでサイドの髪に束感を作って。

ファージャケット 36,750円／C.C.CROSS（アイランドユニヴァース）ネックレス／私物
●モデル／熊谷弥香

78

第5章 女優メイクに似合う

C 都市型美形FACE

ストレート×巻き髪をMIXしたグラマラスヘア

アゴから下の毛束をランダムにとり、アイロンでゆるめに巻く。顔周りはタイトに仕上げ、メリハリのある美形フェイスを強調。

カットソー、ネックレス／ともに私物　●モデル／清水貴和子

大人の華やかさを加えたニュアンスボブ

ストレートボブにアゴ下の髪だけにカールを加えた洗練度の高いスタイル。センターに分けた長め前髪がクールに見せるポイント。

ベアトップ（ストール・カーデ付）15,750円／C.C.CROSS（アイランドユニヴァース）イヤリング 3,465円／ヴァンテーヌ　●モデル／甲州真帆

D 小悪魔ドールFACE

ふんわり巻き髪で愛され度満点

流した前髪につなげるように、サイドの髪は外ハネ。中間〜毛先は内外ランダムにアイロンで巻き、ドール顔にふさわしい華やかさを。

カットソー 6,930円／Rew de Rew（スタイルハート）ネックレス 3,990円／井筒屋　●モデル／小尾加奈代

小悪魔な表情を生むゆるウェーブ

毛先だけに太めのロッドで、パーマをかけて無造作な動きを出す。前髪は内巻きにブローしてからサイドに流し、目力倍増。

ワンピース 26,250円／Rew de Rew（スタイルハート）　●モデル／山名裕子

メイク監修・高橋和義さんのサロン Information

ZACC raffiné ラフィネ

住 東京都港区南青山5-1-2 エリービルB1
営 平日12:00～21:00、土・日・祝日10:00～19:00
休 火曜休み

フランス語で'洗練された'という意味を持つ、raffiné（ラフィネ）。上質なもてなしと確かな技術の、落ち着いた雰囲気のサロンです。

ZACC vie ヴィ

住 東京都港区南青山3-18-19 MEISEI表参道ビル3階
営 平日13:00～22:00、土・日・祝日10:00～19:00
休 水曜休み

明るい外光が差し込む、南仏のガーデンをイメージした活気のある店内。併設のネイルサロンも人気で、ネイルケアは3,150円から。

ZACC mignon ミニヨン

住 東京都渋谷区神宮前6-10-8 原宿NAビル2階
営 平日12:00～21:00、土・日・祝日10:00～19:00
休 木曜休み

たくさんのお客様に気軽にZACCを利用してもらえるように生まれた、若手スタイリスト専門のサロン。お手ごろプライスで利用できます。

ZACC prime プリム

住 東京都港区南青山3－18－19 MEISEI表参道ビル2階
営 平日12:00～21:00、土・日・祝日10:00～19:00
休 月曜休み

カップルや友人と一緒に利用できる個室もあり、ゆったりと施術が受けられます。高橋ミカさんプロデュースのエステサロンも評判です。

ZACC copain コパン

住 東京都渋谷区猿楽町24-7 代官山プラザ2階
営 平日12:00～21:00、土・日・祝日10:00～19:00
休 月曜休み

落ち着いた空間で楽しく語らいながらキレイになるをコンセプトにしたサロン。ツインシートの前には二人が一緒に映る大きな鏡があります。

ZACC

本店共通予約専用ダイヤル
0120-183-348
03-5772-7725
www.zacc.co.jp

ZACCとは？

その日限りではない、再現性の高いスタイル

ZACCのモットーは、美しさの再現性。サロン帰りのスタイルが、日々保てる、美しさがずっと続くヘアを目指しています。
＊料金は店舗によって異なりますのでHPをご確認下さい。

エステやネイルなど、トータルでキレイになれる！

スリミングに定評のあるエステや、デザイン性の高いネイルなど、頭の先から全身キレイになれるトータルサロンです。
＊エステはプリム、コパン、ネイルはヴィで受けられます。

居心地のいい空間と、こだわりのカフェも自慢！

大人の雰囲気漂うラフィネ店やカジュアルなミニヨン店など、どの店舗も個性豊か。そして、美容にいいメニューが揃うデリ・カフェもぜひ利用してみて下さい。

掲載商品のお問合せ

化粧品会社

RMK Division	📞 0120-988-271
アナ スイ コスメティックス	📞 0120-735-559
イプサお客様窓口	📞 0120-523-543
エレガンス コスメティックス	📞 0120-766-995
花王(オーブ)	☎ 03-5630-5040
花王ソフィーナ(レイシャス)	☎ 03-5630-5040
カネボウ化粧品(ケイト・テスティモ・ルナソル)	📞 0120-518-520
資生堂お客さま窓口(マキアージュ・マジョリカマジョルカ)	📞 0120-814-710
シュウ ウエムラ	☎ 03-6911-8560
セザンヌ化粧品	☎ 03-3260-8515
ナショナルお客様ご相談センター	📞 0120-878-365
ボーテ ド コーセー	☎ 03-3273-1940
ボビィ ブラウン	☎ 03-5251-3485
マックス ファクター	📞 0120-021-325
メイベリン ニューヨークお客様相談室	☎ 03-6911-8585
ローラ メルシエ	☎ 03-5467-9550
ランコム	☎ 03-6911-8151

衣装協力

アイランドユニヴァース(C.C.CROSS)	☎ 03-5770-4641
アプワイザー・リッシェ	☎ 03-3408-8443
井筒屋	📞 0120-738-563
ヴァンテーヌ	☎ 078-392-1829
GAMBLE FISH 新宿ルミネ店	☎ 03-3342-0171
QUEENS COURT Viaggio BluPREMIUM	☎ 078-302-7617
ジゼルパーカー(FLASK)	☎ 03-5778-3350
スタイルハート(Rew de Rew)	📞 0120-344-121
DGN(julie hans・gorjana)	☎ 03-3712-2029
東レ・ディプロモード(Tracy Reese・plenty by tracyreese)	☎ 03-3406-7256
MERCURYDUO	☎ 03-5772-3464
レイ ビームス原宿(archi)	☎ 03-3478-5886

*本記事中の商品は、2007年9月現在のもので、価格は総額表示(税込)です。

プロデュース
橋本伸子
(STARDUST PROMOTION Inc.)

監修
高橋和義（ZACC）

デザイン
近江デザイン事務所

撮影
大崎 聡
長谷川 梓

イラスト
岩崎あゆみ

スタイリング
寄森久美子（C.D.C）
中村利恵

編集
ediprix
SAS*
森田有希子
杉嶋未来

制作・進行
海保有香（SDP）

プリンティングディレクター
甲州博行
（TOPPAN PRINTING CO.）

女優メイク
2007年10月19日　初版　第1刷発行
2010年　3月25日　　　　第7刷発行

発行人
細野義朗

発行所
株式会社 SDP
〒150-0021　東京都渋谷区恵比寿西2-3-12
TEL 03(3464)5882（編集部）
TEL 03(5459)8610（営業部）
ホームページ　http://www.stardustpictures.co.jp

印刷製本
凸版印刷株式会社

落丁、乱丁本はお取り替えいたします。
ISBN978-4-903620-18-3
©2007 SDP
Printed in Japan